生活·讀書·新知 三联书店

子安宣邦作品集

近代日本的亚洲观

【日】子安宣邦 著
赵京华 译

Simplified Chinese Copyright © 2019 by SDX Joint Publishing Company.
All Rights Reserved.
本作品中文简体版权由生活 · 读书 · 新知三联书店所有。
未经许可，不得翻印。

子安 宣邦著「アジア」はどう語られてきたか——近代日本のオリエンタリズム
本简体中文译本经由作者授权

图书在版编目（CIP）数据

近代日本的亚洲观／（日）子安宣邦著；赵京华译. —北京：
生活 · 读书 · 新知三联书店，2019.7
（子安宣邦作品集）
ISBN 978－7－108－06616－9

Ⅰ. ①近…　Ⅱ. ①子…②赵…　Ⅲ. ①对外政策－研究－日本－近代
Ⅳ. ①D831.30

中国版本图书馆 CIP 数据核字（2019）第 091427 号

责任编辑　李静韬
装帧设计　康　健
责任印制　徐　方
出版发行　生活·讀書·新知 三联书店
（北京市东城区美术馆东街 22 号 100010）
网　　址　www.sdxjpc.com
图　　字　01-2017-8537
经　　销　新华书店
印　　刷　河北鹏润印刷有限公司
版　　次　2019 年 7 月北京第 1 版
2019 年 7 月北京第 1 次印刷
开　　本　880 毫米 × 1230 毫米　1/32　印张 6.375
字　　数　147 千字
印　　数　0,001－8,000 册
定　　价　49.00 元
（印装查询：01064002715；邮购查询：01084010542）

目　录

致中国读者

从我们自身的体验，去追寻何谓20世纪的“近代”、何谓“亚洲”乃至“日本”，这是我作为思想史学者的使命。此种想法的产生，则是从新旧世纪转换即将来临的时候开始的。出生于1933年（昭和八年）的我，生命的大半是在20世纪的昭和这一时代中度过的。1942年，我当时还在小学读四年级，有一天听到年级任课的女教师说，“日本长期以来一直在战争中”。我始终认为前一年的1941年12月所发动的与英美的战争才刚刚开始呀，老师所言“日本长期以来一直在战争中”，还头一次听说呢。后来，得以理解这“长期战争”的意义，是在终于迎来了1945年战争终结之后。就是说，对于1942年当时日本的孩子们，不，毋宁说对大人们来讲，“满洲事变”“支那事变”并非战争，战争仅意味着与英美的开战。

然而我懂得，在这个孩提时代的小插曲里蕴含着一些重大的问题，这些问题与从1930年代到战败或者直至今天的日本和亚洲、中国的关系问题密切相关。那时，日本强使朝鲜半岛屈服，在“满洲”建立傀儡国家，向中国大陆推进其军事力量。可是，在孩子们的意识中，有的只是与欧美发达国家相抗衡的日本帝国那光辉的自我形象。根据自己的经验，我所要追究的也就是这个自我形象。而目前所面临的世纪转换正是一个千载难逢的机会：将规定了20世纪我们日本人的知性和意识的、对我们来说是历史性地先验存在的东西暴露于光天化日，去追问这个世纪中的我们自身。一生大半身处20世纪的我们这一代人，的确具备反思这个世纪的优势和特权。

可是，这个源自一代人的历史性体验的特权和优势，也同时负载着沉重的伦理性。20 世纪全世界无辜而死和被杀害的人实在太多太多，每每想到这个 20 世纪，背负着不能再传给下一代的这份负面遗产的我们这代人，其特权和优势实在不是可以高声夸耀的过来人之特权和优势。与无意义而牺牲的那些死者一道去质疑覆盖在他们身上的被赋予的虚伪意义和价值，剥下其假面，我们的特权和优势就是这样一种背负着伦理性债务的沉重任务。

成为近代日本人的意识之先验存在的，乃是近代国家所共有的一国中心主义意识。日本的一国中心主义与“脱亚入欧”的历史意识是同时形成的。而日本国家的近代意义上的确立，也便是对亚洲的压抑和遗弃。可是，对于东亚和日本来说，中国乃是一个先在的国家，一个远比自己久远的文明。因此，中国对于东亚和日本而言，正是一个历史性的先验存在。没有中国，也就不会有日本的存在。然而，近代日本是如何将大国中国从自己的意识构图中抹消的，又是怎样确立起自己的一国中心主义的呢？可以说，日本的近代史也就是把东亚中的中国从日本的政治地理上或者从日本人的意识层面抹消的实验过程。身处世纪转换的关节点，我所要做的就是重新追问构成日本和日本人这个历史先验认识，且在与试图抹消和遗弃的亚洲特别是中国的关系中来追问这个“日本”。

我始于所谓“日本战后 50 年”，即 1995 年前后的上述追问日本近代的论述，最早是以《近代知识考古学——国家、战争和知识分子》（岩波书店，1996 年）为名结集出版的。进而，在迈入新世纪之后，我又出版了《近代日本的亚洲观——近代日本的东方主义》（藤原书店，2003 年）和《汉字论——不可回避的他者》（岩波书店，2003 年）。最近，《近代知识考古学》（1996 年）一书做了修订增补，以《日本近代思想批判—— 一国知识的成立》的书名，列入“岩波现代文库”书系而于2003年问世。我当初就有一个愿望：这些著作中我的批判性工作成果能同时为中国和日本的读者所共享。我的这个愿望，因了中国友人的努力即将实现。从历史学、政治学到民俗学和国语学等，我的工作所涉及的问题领域实在是多方面的。而对于将这些译成中文，在不到一年的时间里就完成了这项繁难工作的赵京华博士，我唯有深深地敬佩。拙著得以在中国与新的读者见面，我含着喜悦从心里感谢赵博士所付出的辛勤努力。

2004年3月10日

子安宣邦

序言
《文明论概略》与亚洲认识

这正是亚洲大部分民族所深陷的状态，在此，神权政治的统治阻碍了人类的进步。例如，印度就是如此。

——基佐《欧洲文明史》

一　文明化的设计图

2001年，时值福泽谕吉逝世一百周年。尽管并非直接起因于此，但我正是于这前后开始在大学和面向市民的讲座中讲读福泽谕吉的《文明论概略》。人们可能会疑虑，为何如今还要读福泽的文明论呢？而我，则是带着兴奋阅读明治八年八月二十五日出版的这本书的。那么，我为什么感到兴奋呢？原因就在于，通过这一近代日本黎明期所写就的日本文明论设计图，我再次重温了一百余年来近代化的历程。我与这本《文明论概略》一起，试图重新解读日本的近代。对我而言，这虽然是事后性的解读，却与福泽一起对该过程有了再发现和再认识，包括镂刻在日本近代史中的诸多事项，以及那时的福泽带着怎样的对于日本将来的畏惧而抗争着，从而展开其文明论的，等等。

作为要讨论有关“亚洲认识”问题的本书序言，我将举出自己对《文明论概略》第三章“论文明的含义”的解读，因为这与

1850年至2000年期间日本对于亚洲的认识一样，两者都关系到如何重新解读日本的近代化这一课题。那么，福泽谕吉的文明论，即以西方为目标的日本文明化之论述，在有关亚洲的自我定位上，于这个日本近代化设计图中镂刻了哪些内容呢？让我们立刻进入对《文明论概略》的具体阅读吧。

二 文明乃相对的概念——读《文明论概略》第三章“论文明的含义”

福泽谕吉在《文明论概略》中讲道：对始于维新的新日本来说文明化才是要紧的问题，这个文明化就是要将自己的地位置于西洋文明上，而文明乃是区别野蛮和半开化而处于高级阶段社会的指标。那么，文明社会是怎样的社会呢？福泽在此试图通过与中国和日本传统社会的对照，来追寻答案。①

什么是文明？如何定义这个文明？福泽谕吉依据基佐的《欧洲文明史》试探着给出一个定义。②首先，狭义上的文明，可以解释

---

① 《文明论概略》第一卷第一章“确定议论的标准”和第二章“以西洋文明为目标”之后的第三章，其主题为“论文明的含义”。对《文明论概略》的引用，依据松泽弘阳校注的岩波书店文库版。引用时加注送假名等标记。另，书名略为《概略》。

② 《概略》第三章“论文明的含义”中有关文明之定义的议论，主要依据的是基佐《欧洲文明史》第一讲中“文明这个词的通常的和通俗的意义”。丸山真男在《读〈文明论概略〉》上册第六讲“文明与政治体制”中，一边详细引述基佐的原文，一边追述了福泽谕吉的论述。这对于了解何为福泽议论的前提和素材提供了参考。但我的解读，其关注点不在于福泽吸收了什么，而在于他怎样消化这些东西并作为自己的文明论表达出来。

为“单纯地以人力增加人类的物质需要或增多衣食住的外表装饰”。而广义上的文明，则是“要砺志修德，把人类提高到高尚的境界”。不过从使用的语词来看，这里虽然说的是文明的广狭两义，但实际上意味着浅层的文明观和深层本质化的文明观之不同。作为“文明的含义”，福泽在此要肯定的是后者。然而，所谓文明乃是与针对其相反概念野蛮而言的人类社会发展阶段有关的概念。人类的存在，“交际活动原本是其天性”。而社会性，则是人类的本性。不过，人类的相互交往变得频繁起来，是在市民社会形成之后。将文明与相互交往越来越频繁的市民社会或以此为基础的国家联系在一起观察，这是福泽谕吉讨论文明定义的理路。我们来看他的议论过程：

> 文明是一个相对的词，其范围之大是无边无际的，因此只能说它是摆脱野蛮状态而逐步前进的东西。交际活动本来是人类的天性，如果与世隔绝就不能产生才智。
>
> 只是家庭相聚，还不是人与人之间的交际，所以只有在社会上互相往来，人与人互相接触，才能扩大这种交往。交际越广，法律也就越完备，从而感情就越和睦，见闻也就越广阔。文明一词英语叫作“Civilization”，来自拉丁语的“civilidas”，即国家的意思。所以“文明”这个词，是表示人类交际活动逐步改进的意思，它和野蛮无法的孤立完全相反，是形成一个国家体制的意思。①

① 此处采用北京编译社的译文，《文明论概略》中文版第30页，北京：商务印书馆，1959年——译注

文明是一个相对的词，这在《概略》第二章“以西洋文明为目标”的开头也有说明。即“事物的轻重是非这个词是相对的，因而，文明开化这个词也是相对的”。强调文明是相对的概念，是在针对野蛮状态而言的文明状态这个意义上的相对性，而非强调历史过程的相对主义概念。当然，如国体论批判的言说那样，福泽谕吉的确试图以相对化的思考来颠覆凝固的绝对主义化立场（绝对国体论）。但是，不能因此就认为“相对的词”意味着相对主义[①]，如丸山真男那样（《读〈文明论概略〉》）。丸山针对开头那句话，强调“文明即文明化，故只能是相对的”。文明是进步的历史过程，也即文明化，因此我们只能称文明为相对的过程之一。从丸山这样的理解出发，前面引用的文字的意义就变成了“文明原本是相对的概念，文明的进步没有界限，所以我们只能称文明化的过程为文明”。文明社会乃是文明化的社会，这并不错。但是，在丸山这样的理解中，相对于野蛮而有文明的概念这种意义则被抹消了。顺便一提，在《读〈文明论概略〉》（上）中他引用上述一段福泽文字时，真的把涉及文明相对野蛮的一句省略了。

然而，福泽谕吉所强调的是“……文明的进步无边无际。但文明乃相对于野蛮的概念，文明化乃是脱离野蛮而不断进步的过程”。何为文明，我们必须在针对野蛮这样一种观念上来理解。丸山真男的《读〈文明论概略〉》却始终对文明为相对于野蛮的概念，文明社会史亦即针对未开化社会史、停滞社会史而言的叙述这一点加以

---

① 见丸山真男《读〈文明论概略〉》（岩波书店，1968 年）上册第六讲“文明与政治体制”。

隐蔽。他并没有看到，不管福泽谕吉依照的是基佐的《欧洲文明史》还是巴克尔的《英国文明史》，文明社会发展历史的叙述必然伴随着对非文明社会历史的叙述。[①] 福泽以欧洲文明史为自己的文明论或文明史叙述的依据，就意味着他共享了欧洲文明史所具有的结构性特征。以文明史来叙述人类社会，必然成为发现并记述未开化乃至野蛮社会的叙述。这正是文明史叙述的结构性特征。

将文明视为文明化之过程的丸山真男认为，文明化的过程，即人类社会相互交涉的不断复杂化进程，才是文明本身。他说："福泽谕吉提出了一个重要的议题，文明的进步就是'人类交际'即社会性交往的扩大乃至复杂化的过程，如果没有这种交往对话，才智就不能得到发达，而只是家族的聚集则无法称其为'社会'。"丸山强调这是"重要的议题"，在于他把福泽的言论视为对"家族国家观"的批判来接受的。所谓"家族国家观"，即以家族式的结合和秩序为母体和基础的国家观。此乃支撑天皇制国家的最重要意识形态。的确，对家族国家观的批判很重要，但如果将福泽的"只是家族相聚还不足以尽人类的交际"一句话在这个意义上作为"重要的议题"来接受，那么就很难说是深刻的解读，甚至反而成为误读也说不定。

在市民社会论上，家族乃是市民社会确立的否定性前提的人类自然结合体，这应该是市民社会论者丸山真男所熟知的。了解欧洲市民社会论的福泽谕吉在讲到"只是家族相聚还不足以尽人类的交

① 丸山真男这种对文明概念的看法，与他无视"脱亚论"乃福泽谕吉日本文明化论必然带有的结构性特征有关。在《读〈文明论概略〉》中，他是把"脱亚论"作为"内在于福泽不良印象中的预先判断"而置之不理的。

际”之时，是为了阐明人们相互之间有意识的能动的交涉形成了市民社会的社会性和家族自然结合的非社会性，而并非讲家族乃处在未完全社会化过程中的结合体等。如果不是这样的话，那么我们对关注近代日本所谓“家族国家观”和由家族走向国家之人伦展开过程的和辻哲郎——其国家伦理学乃是要对抗西洋市民社会及国家观之意识形态化的意义——就可能产生误读。顺便一提，福泽谕吉用有别于智与德概念的“智德”论将情绪性结合的家族归入“德义”的领域，而把通过制度和规则性思考来统治的社会归入“智慧”的领域，由此将两种社会区分开来。[①]

结果，丸山真男在福泽谕吉文明论脉络中所解读出来的，只是“文明化乃自然的诸种价值相交织的过程”这样一种多元社会化的叙述。然而，福泽有关文明之定义的探索，应该是从文明社会、国家理想状态的方面来理解文明的方法。上面引文的末尾，福泽讲的那段话，我们再来看一看：

> 文明一词英语叫作“Civilization”，来自拉丁语的“*civilidas*”，即国家的意思。所以“文明”这个词，是表示人类交际活动逐步改进的意思，它和野蛮无法的孤立完全相反，是形成一个国家体制的意思。

文明即Civilization，福泽谕吉强调的是作为更加复杂的人类交往社会即文明化的社会，意味着针对野蛮国家而形成文明国家的体制。文明乃文明化的社会，那么文明社会是怎样的社会呢？福泽的

---

① 见《概略》第七章“论智德的实践性和空间性”。

文明论所反复追问的正是何为文明社会这一问题。可以说，视文明为文明社会的问题来加以追究，这成为福泽文明论的重要特征。他要借列举出非文明的社会（国家）而阐明的，是社会的文明化究竟为何物。他所提示的非文明社会的例子来自基佐。基佐以“假说”的方式提示了非文明社会。下面，是丸山真男所谓“如此几近照抄的地方实在少见”的那一段：

> 第一，这里有一群人民。表面上安乐自在，租税轻徭役少，司法也很公正，惩罚坏人也有办法，一般说来，对人民衣食住处置得宜，本来是无可厚非的。但是，这里只有衣食住的享受，没有智德发展的自由，把人民当作牛羊来牧养，仅关心其饥寒。这样的社会，不仅是从上而下的压制，而且是从四面八方同时压挤，从前松前[①]之对待“虾夷”民族，就是如此。这能说是文明开化吗？不能。[②]

这里提示的是，在支配性的统治下，物质上虽然安定，精神上却闭塞而没有自由的社会。福泽谕吉解释说，“从前松前之对待‘虾夷’民族，就是如此”，这是一个被保护的压抑社会。由此，人们得以透视支配性统治无所不在的殖民地国家。

> 第二，这里又有一群人民。表面上虽不及前一种人民那样安乐，但还没有达到不能忍受的程度。生活享受虽少，

① 北海道南端的地名——译注

② 此处采用北京编译社的译文，《文明论概略》中文版第31页——译注

> 但发挥智德的道路并没有完全堵塞，人民也有主张高尚学说的，道德信仰还算进步。但是，这里并不存在真正的自由，一切事物都要妨碍自由。人民虽然也可能获得智德，但其获得的情形，正如贫民获得救济的衣食一般，并不是靠自己的力量获得的，而是仰赖他人。人民可能寻求真理，但是他并不能为自己而是为别人寻求。如亚洲各国的人民，由于遭受神权政府的束缚，已经丧失了蓬勃的气象，而陷入愚蠢卑屈的深渊，这种情况能说是文明开化吗？在这种人民当中能看到文明进步的迹象吗？不能。[①]

在这个社会中，被统治的人民并非没有智德的发达：不仅存在倡导高尚学说者，而且道德论也有一定程度的繁盛。但是，那并非独立精神的结果，而是他律性地依存于上面权威所得到的结果。统治者唯以束缚人民的自由为意旨。基佐解释说："这就是亚洲大部分民众所深陷的状态，在此，神权政治的统治阻碍了人类的进步。例如，印度就是如此。"而福泽谕吉则用自己的话复述了基佐的意思，"如亚洲各国的人民，由于遭受神权政府的束缚，已经丧失了蓬勃的气象，而陷入愚蠢卑屈的深渊"。这极其鲜明地反映出福泽与基佐共享着上面提到的那个欧洲文明史的结构性特征。

西洋文明史的叙述一旦启动，必然伴随着对非文明乃至反文明的东洋之叙述。这个东洋，必然是伴随19世纪欧洲的文明史之自我认识而来的反面对象。在基佐那里，西洋的反面对象即非文明的东洋，首先是印度。对于黑格尔乃至马克思来说，先进的西洋之反

① 此处采用北京编译社的译文，《文明论概略》中文版第31—32页——译注

面对象也首先是印度，不久又变为中国。就是说，在西洋政治、经济、军事上扩张的视域里登场并被包摄其中的首先是印度，其次就是中国。而对于福泽谕吉来说，反文明的亚洲，首先是专制王国中国和我们专制的古代日本及对其专制统治的因袭。这是以欧洲文明史为样板的福泽谕吉文明史话语不能不带有的结构上的特征。丸山真男的《读〈文明论概略〉》，却丝毫没有提到这种文明史话语所具有的特质。

福泽谕吉的文明论，针对专制统治的因袭而具有强烈的战斗性。这在他对绝对主义国体论，即主张因皇统绵延而形成无与伦比之日本的国体那样的议论，我们可以从他“迷惑之甚”这一解构性的激烈批判之展开发现这一点。[1]但是，以西洋文明为本位的福泽文明论，同时也发现了作为否定性对象的东洋专制王国中国，而为近代日本设计了“脱亚入欧”的文明化路线。

---

① 《概略》第二章“以西洋文明为目标”的后半部分，以相当的篇幅对与西洋为本位的文明论之对立面的话语——“国体论”进行了解构性的批判。

第一章
“世界史”与亚洲、日本

各国家民族以各自个性化历史生命为生存根基，同时，秉承各自不同的世界史使命而结合为一个普世的世界……这必然是由此次世界大战所要求的世界新秩序的原理。

——西田几多郎《世界新秩序的原理》[①]

如果说英美有值得我们感谢的地方，那么就在于它们把我们拖进了这个“世界”中，而且与原来各自的意图相反，使我们不得不回归东洋自身的立场上来。这里存在着世界理性的狡狯。

——高坂正显《民族的哲学》

我国于东亚曾经建设起国家来，更在欧洲性的世界获得新的发展。并且，如今又于新的世界史性世界中不断推进其建设。

——高山岩男《世界史的哲学》

---

① 此系收入《西田几多郎全集》第12卷（岩波书店）“哲学论文集补遗·附录三”的文章。题记曰，1943年“应国策研究会之约，就世界新秩序问题所作发言主旨”。

一 亚洲视角和江户视角

在这次以“1850—2000年：世界史中的日本”为题的研讨会[①]上，之所以给予我发言的机会，想来是因为我近年来确立起“作为方法的江户”视角，并由此展开了对日本近代史及近代知识的批判性论述。所谓“作为方法的江户”，不用说是依从竹内好“作为方法的亚洲”而构成的、旨在历史批判的方法论视角。[②]正如“作为方法的亚洲”意味着从亚洲出发，对归结为欧洲近代之胜利的世界史做批判性反观的视角一样，“作为方法的江户”亦是从江户出发，对日本近代史和近代知识构成做批判性反思的视角。更直白地说，“作为方法的江户”乃是从日本近代史的外部之江户来观察近代日本。发自江户的批判性视线，自然要与以往构成江户像的近代视线发生严重的撞击。正如“作为方法的亚洲”这一发自亚洲的视线要与以往构成亚洲像之近代欧洲视线，即东方主义发生严重撞击一样。当观察“1850—2000年”的日本时，将“作为方法的江户”和“作为方法的亚洲”重叠起来，对我来说将构成有效的批判性视角。

发自江户的视线亦是差异化的视线，是要发自近代的视线，是要追溯与自身有着谱系学关系的连续性，试图构筑起可谓自我塑造的自身形象。而发自江户的视线，则是要描画出与江户相异的近代

① 2000年1月8日为纪念藤原书店创立十周年而召开的研讨会，由武者小路公秀主持，发言者有榊原英资、松本健一、川胜平太和我。该研讨会内容发表于《环》第1号（2000年春季号）。本章系在发言原稿基础上修改而成。

② 我所提出的“作为方法的江户”之历史批判方法论视角，参见抽著《江户思想史讲义》（岩波书店，1999年；中译本：生活·读书·新知三联书店，2018年）或《作为方法的江户》（鹈鹕社，1999年）。

日本的发端，展示其作为新事物的非连续性相位。关于本居宣长，我做过很多论述[①]，关注的重心在于阐明“我们日本人”“我们的日语”等关于日本自我同一化的主张，是怎样作为特殊的话语出现于18世纪的德川社会的。这些成为近代日本正统性话语的本国文化上之同一性和话语同一性的主张，在德川后期社会中只是一种完全依据不可靠的前提，由极少数论客的“信”所支撑起来的独语式乃至偏颇的话语[②]。而“作为方法的江户”将阐明近代知识及其不可靠的确立过程。我所说的“近代知识考古学”，便是凿穿日本近代知识话语成立之根基的探索方法[③]。也是将亚洲视线重叠于江户视线而构成的思想史探索方法。

这里，我依然试图用将亚洲视线重叠于江户视线的方法，来观察日本近代的肇始。日本的近代是怎么开始的？伴随着近代的发生而与世界发生关联的日本，其自我表象和历史表象是怎样重新创造出来的，又是怎样变化的呢？

二　1850年这一时刻

“1850—2000年”这一题目中的1850年，并非单纯表示综合

---

① 参见拙著《本居宣长》（岩波新书，1992年）、《何谓“宣长问题”》（青土社，1995年）。

② 本居宣长有关日本的自我同一性话语，其极不可靠的成立过程在他反驳藤贞干《冲口发》的《钳狂人》中有明确的表述。我在《江户思想史讲义》中对此有详细论述。

③ 我根据这种方法所做思想史研究的成果，收在《近代知识考古学——国家、战争与知识分子》（岩波书店，1996年）中。

了一百五十年间经过的一个年份。1840 年的鸦片战争、1853 年的佩里远征日本、1859 年的日本口岸开放、1860 年的英法联军占领北京，以及 1863 年的萨英战争[①]等等，只要举出上述年表中的事实，就会清楚 1850 年在东亚所具有的意义。1850 年象征着由于欧美发达国家以军事实力要求开埠而使亚洲卷入所谓“资本主义世界体系”的时期。人们认为，发源于欧洲的资本主义这一经济、政治体系，正是在此时作为世界性体系而得以完成的。也是我在此论述的主题——“世界史的哲学”之论客高坂正显讲道：“近代性世界通过英国而在世界范围得到扩大。于是这‘世界’成为一个整体。至少‘世界’开始走向同一个方向。”[②]如果说，随着这一整体的“世界”之完成，“世界史”之历史性世界也得以成立的话，那么 1850 年便象征着东亚和日本被组合到这一“世界史”中来的时期。附带说明，所谓非西欧地区的世界史乃是打上引号的“世界史”，而亚洲的世界史又是自身被卷入其中的“世界史”。高坂在前面说道，我们是被“拖进”“世界”中来的。这里，我将把与这个非西欧地区被编入“世界秩序”同时发生的历史过程作为“世界史”而打上引号来使用。

我关注 1850 年，是因为它与 1868 年这一日本政治史上的时期划分具有不同的意义。1850 年并不是日本一个国家的分期，而是意味着东亚“世界史”成立的时期划分。因此，与“1850—2000 年”这一百五十年的时期划分一起被追问的，是背负着东亚地缘政治学上的区域划分的日本如何被组合到“世界史”中，而不久又是

---

① 因“生麦事件”导致的日本萨摩藩与英国远东舰队之间的战争——译注

② 高坂正显《民族的哲学》（岩波书店，1941 年）。

怎样自己积极地参与到这个“世界史”中来的。如果从我的思想史专业角度来谈这个课题，即所追问的是近代日本的“世界史”思想体验之话语上的趋势，也即近代日本关于“世界史”之自我表象的状态。

从与这个“世界史”的关系出发，我们可以将1850年至2000年的日本大致划分为三个时期。首先，第一个时期当然是始于1850年。东亚被组合到“世界秩序”中来，通过对“世界史”的历史性体验，日本把自己构筑成近代国家。与“世界史”相关的第二个时期，我认为始于1930年代。这是通过参加第一次世界大战积极主动地进入“世界史”、成为“世界秩序”的重要成员的日本，面向世界要求重构“世界史”、重组“世界秩序”的时期。日本是“世界史”的积极参与者、“世界秩序”的重要成员的这一时期，我认为一直延续到1980年代。因为，从“世界秩序”重要成员的位置来看世界和亚洲的认识图式，即1930年代由帝国日本所形成的认识图式，并没有因为1945年日本的战败而获得本质上的改变。从战败到50年代的战后日本，难道不是应变化而未曾去改变的日本吗？从1930年到1980年的时期，大致相当于霍布斯鲍姆所说的“短暂的20世纪”，即“从第一次世界大战爆发到苏联解体”[①]的时期。而第三个转折期即1980年代，这不单单是日本的，同时也是这个世界的大转折时期。这个“转折”，恐怕意味着“世界史”的终结和新的

① 霍布斯鲍姆《极端的时代1914—1991》上卷（河合秀和日译本，三省堂，1996年）。

历史[1]之开始吧。

三 组合到“世界史”中去

与东亚一起，日本的近代是以被组合到“世界秩序”中、被编入“世界史”进程而开始的。日本的近代化，意味着自愿走向发源于欧洲的“世界秩序”或者“世界史”。日本，或者亚洲的近代，也就意味着这种带有清晰发端的历史过程。如前所述，“作为方法的江户”视角，就是要注视将自己与江户差异化的近代日本的发端，观察其非连续性的发生发展。而“作为方法的亚洲”这一视角，则是从编入欧洲化的“世界秩序”或者“世界史”的过程来观察日本近代的发端。这样的观察，也便是预想其历史性的终结。我认同于这种提法：沃勒斯坦所谓作为“历史性秩序”的资本主义[2]，就是说作为有开始便有终结的历史性构成的资本主义其社会的、经济的秩序这一提法。我们要了解其何以发生，目的在于知道其怎样终结。正如朱子依据《易》之“原始反终”寻求生之原始而知其死之终结一样，人们观察事物是怎样开始的，就可以知道其如何终结。

自愿走向“世界史”，也便是将自己编入欧洲普遍主义的“文明”历史当中。将日本近代化过程做历史性的表象化，即作为这一

---

① 创立十周年纪年研讨会之际，在结束后的杂谈中，川胜平太所言代替“世界史（World history）”的应该是“全球史（Global history）”，这个观点很有启发性（见川胜平太编《走向全球史》，藤原书店，2002 年）。

② 沃勒斯坦《作为历史体系的资本主义》（新版，川北捻日译本，岩波书店，1997 年）。

普遍主义的“文明”之有资格的接受者，或者作为这一“文明史”在亚洲所诞生的嫡系弟子而把自己做历史性的表象化。沃勒斯坦说“普遍主义是强者送给弱者的‘礼物’”[①]。这个“礼物”对天真老实的接受者来说是使之接受屈从，对反抗者来说是使其承担失败者之不利的双料“礼物”。近代日本是一个以和魂洋才式的策略，巧妙接受这一“文明”的强者之馈赠的接受者。明治日本将自己的历史同化于这一普遍主义的“文明史”，建立起了文明史之自我的历史表征。竹越与三郎的《二千五百年史》[②]就是将“新日本”作为这个“文明史”的嫡系弟子，通过日本的历史表象来显示的文明史式历史叙事。

在这个日本的文明史式叙事中，有一个竹越与三郎必须回答的重要问题，即怎样从文明史的角度来阐释自中华帝国到日本帝国之近代史上东亚盟主易主的必然性。在此，竹越采用了针对象形文字而强调与之对抗的表音文字的文化表征。他认为，具有两千年以上历史的汉字这一象形文字所代表的大陆文明，虽然有着绝对的优势，但日本建立了独特的国民文化，并加以发扬光大，原因就在于日本人发明了假名文字，将表音文字作为日用文字来共享。竹越是把这种假名文字的形成，作为“背负其表音文字之文明的人种”之胜利来叙述的：

---

① 沃勒斯坦《作为文明的世界体系》（收入《后美国》，丸山胜日译本，藤原书店，1991年）。

② 竹越《二千五百年史》于1896年由开拓社出版，后修订本于1916年由二西社刊行。“二千五百年史”意味着从明治“新日本”出发来回顾日本历史的叙事。大川周明则建立起始于昭和维新时期的日本，及其“二千六百年史”的历史叙事（《日本二千六百年史》，第一书房，1939年）。

> 代表支那[①]文明的象形文字其势力极其强大，然朝廷虽对此尊崇备至，民间却并不因此而使用象形文字。……虽象形文字其势力，威压弱小之日本文明，仿佛巨石压卵一般，然而日本文明全然不曾被压倒，反而产生了其平假名·真假名，虽最初采用些许汉字，却无以证明象形文字确能满足国民之需要。……象形文字不曾变为国民之语言文字，却有别一种表音文字遍及全国。观此可知日本有其固有之表音文字，此乃背负其表音文字之文明的人种之最终胜利。

在此，日本被列入表音文字之文明的胜利，这一当今的“世界史”中。竹越与三郎在此要阐释的是，腓尼基印度古代表音文字的文明潮流早就洗礼了古代日本列岛，留下了该文明语言上的产物。

竹越与三郎的《二千五百年史》，是从文明史方面讲述帝国日本重新登场之正统性的叙事。这个正统性，大概会因奋发的国民及其文化的形成而得到证实。我们不必去看竹越共鸣于（丰臣）秀吉伟大抱负而对朝鲜战役的详细描述，也不必看他对德川日本有组织的社会压抑及“谋求安康之幕府”而贫弱不振的慨叹，就会知道这个叙事乃是已然作为东亚盟主而君临于世的“帝国日本的国民史”。《二千五百年史》具备了1850年至1930年间的日本之自愿组合到“世界史”中去的、文明史之历史表象的特征[②]。

---

① 子安宣邦本书中的“支那”“满洲”“大东亚”（或“东亚”）等词均有多种特定历史、思想含义，故译者均予以原样保留——译注

② 我于《历史叙事的欲望——在〈二千五百年史〉与〈二千六百年史〉之间》（收入《作为方法的江户》）中，对两者的历史叙事方式进行了比较。

四　昭和日本与对“世界史”之再认识

不必举 1929 年世界经济危机的发生、1931 年“满洲事变”[①]的爆发以及 1933 年纳粹政权出现等现代史年表上的事实，我们也会知道，1930 年乃是世界走向第二次世界大战的历史开端。参与了第一次世界大战的日本，虽在有关远东德国权益方面之外并没有得到人们更多的关注，但参战本身意味着日本积极地参加到“世界秩序”和“世界史”中来，而且日本不久便开始要求“世界秩序”的重组了。在参战同时，日本向中国提出“二十一条”要求（1915 年），这既是为把“满洲”划归自己的权益范围而提出的，也是在要求对东亚国际秩序进行帝国主义式重组。通过这场战争，日本确实逐渐成了“国际政治游戏中的主要制衡力量”[②]之一。

在昭和时期的日本为确保东亚的权益范围，向世界要求“秩序”重组的主张中，通过重新认识“世界史”而给出哲学上明确表述的，是所谓京都学派的“世界史的哲学”或“世界史的立场”。集结于西田几多郎影响之下的京都学派，其年轻的哲学家和历史学家们推进了有关“世界史”再认识和“世界秩序”重组的哲学性话

---

① 这里的“满洲事变”即“九一八事变”。原文的“支那事变”即“七七事变”，“十五年战争”指 1931 年至 1945 年的日本侵华战争，“太平洋战争”指 1941 年 12 月 8 日开始的日本对英美的战争——译注

② 霍布斯鲍姆认为，第一次世界大战是当时世界所有主要列强都参加的战争，又举出欧洲的英国、法国、俄国、奥匈帝国、普鲁士（德国）和统一后的意大利，以及美国和日本，指出当时的主要列强乃是“国际政治游戏的主要制衡力量”。见《极端的时代 1914—1991》上卷。

语。他们是把“世界史”作为“近代”历史上的一个时期，即“欧洲世界史的阶段”来把握的，并再次确认了近代日本所遇到的“世界史”正是“欧洲世界史”这一状况。让我们通过“世界史的哲学”之代表性论者高山岩男的理论，来追溯一下“欧洲世界史阶段”的成立过程吧。[①]

“欧洲世界史”的成立，是欧洲膨胀扩张的结果。出现于欧洲的资本主义，其发展必然要以欧洲以外的地区为市场，要求这些地区成为资源的供应地，从而引起欧洲向世界的扩张。于是，历史已然走到这样的阶段：若没有其他地区的存在，欧洲本身也就无法存在了。这便是“欧洲世界史”的阶段。从文化史上观之，这也是通过近代欧洲文化的传播，“非欧洲地区的欧洲文明化”阶段。这样，因非西洋者被包含在欧洲近代文明中，故形成了“世界文化”或者“统一的文化世界”。“近代”，是世界统一于这个“欧洲中心之世界”的时代。“欧洲近代”这一历史性阶段也就作为“欧洲世界史”而得以确立起来。

高山岩男进一步强调，作为欧洲文化之普世性扩张的“近代”还伴随着欧洲式近代国家原理的普世性扩张。“不久，非欧洲地区的国家也具备了欧洲式的资本主义体制，结果成了与欧洲的国家对等的近代国家。”因此，“世界史”的成立，亦即欧洲近代国家原理向世界扩张的时代之始。与“世界史”同时成立的“世界秩序”，也必然内在地包含了国家间的对立。进而，高山在这种内涵国家间对立的秩序中看到了以欧洲为中心的近代世界不能不崩溃解体的原因。

---

① 据京都学派“世界史的哲学”代表性人物高山岩男的《世界史的哲学》（岩波书店，1942年）。

五 战争与“世界史的哲学”

“世界史的哲学”其立场中对“欧洲世界史”形成的理解和认识，与我们作为讨论“世界史”前提的沃勒斯坦关于“世界体系”和“世界史”成立的认识，基本上是一致的。沃勒斯坦所谓普遍主义的资本主义“世界体系”，同时也包含着国家间的体系上的矛盾。的确，只要“世界史的哲学”立场是一种由第一次世界大战及其结局看到了“欧洲近代原理彻底破产”的历史认识，那么，这一认识就与后现代的世界认识没有什么不同。也正因为如此，如今我们有必要对形成于1940年之日本的“世界史的哲学”进行批判性的再解读。例如，他们针对一元论“欧洲世界史”的统治曾提出了与之对抗的多元论世界。

> 我们在地球上的人类世界中，必须承认多种世界史、多种历史性世界的存在。总之，坚持历史性世界的多元化立场，乃是考察真实的世界史所不可或缺的条件。[①]

对于“世界史”的再认识和追求其重组的要求，也便是对“近代”进行批判性超越的要求。“世界史的哲学”最初便披上了超越

---

① 《世界史的哲学》的作者高山岩男，同时也是《文化类型学研究》（弘文堂书店，1941年）的作者。他对源自欧洲近代价值观的一元论统治，进行批判性的对抗而产生了多元文化类型论。其最早的论述则见诸和辻哲郎的《风土——人学的考察》（岩波书店，1935年）。

“欧洲近代”的世界观外套。但是，这个“世界史的哲学”从自身立场出发所形成的世界认识和近代批判的话语，成了也只能成为推行“大东亚战争”之帝国日本立场的哲学化粉饰。我们看高坂正显、高山岩男等京都学派年轻的哲学家、历史学家有关战时话语的代表性记录《世界史的立场与日本》[①]时，会发现他们似乎通过多次座谈会相互印证了这一点。这个狡辩饶舌、西田几多郎遗传的历史哲学式话语最终印证了下面这一事实，即因其哲学叙述风格使之只能成为隐蔽的欺骗性叙事。然而，为何“世界史的哲学”话语只能成为帝国日本及其侵略战争的哲学粉饰呢?

如前所述，日本参加第一次世界大战意味着对“世界秩序”的积极参与。这场战争的确是一场“世界”战。高山岩男也强调，通过这场战争“包括东西两洋的全世界成了真正意义上的统一的历史性世界”。同时，“世界史的哲学”论客们又于这场战争中看到了欧洲式近代原理的破绽。因为，战争是以构成“世界秩序”的列强间的“帝国主义争霸”为“根本原因”的。那么，积极参与“世界史”，强有力地影响了真正“统一的历史性世界”之形成的日本，不也是同样因其“根本原因”而成为“帝国主义争霸”之有力的一

① 《世界史的立场与日本》（中央公论社，1943 年）是战时召开的座谈会记录，西田几多郎影响下的高坂正显、西谷启治、高山岩男、铃木成高等代表京都学派的年轻哲学家、历史学家，他们相继组织了第一次“世界史的立场与日本”；第二次“东亚共荣圈的伦理性与历史性”；第三次“总力战的哲学”座谈，其中第三次座谈的纪要发表于 1942—1943 年的《中央公论》上，后结集为《世界史的立场与日本》一书出版。据 1943 年 3 月 15 日出版的该书扉页所记，共印行了 15000 册。大川周明的《日本二千六百年史》初版（1944 年）则为 30000 册。由此可知，京都学派“世界史的哲学”是构成战时话语的有力言论。

翼了吗？在暴露出欧洲近代原理之破绽的这场世界战争中，依靠欧洲近代国家原理而强大起来的日本不也参与了战争，甚至对敌人不在场的中国施行了露骨的帝国主义要求吗？高山难道没有看到这一点吗？

“世界史的哲学”最终只能成为掩盖日本帝国主义侵略的哲学粉饰，原因在于这些急于对日本上述地缘政治上的要求做出回应的哲学家们，只能将自己的哲学话语作为对抗性言说来构筑。正如对抗性言说总会如此那样，“世界史的哲学”完全缺乏对自我本身的认识。这是一种把自己作为“世界史”的审判者，在假想上编织出“世界史”的终结和新世界史开端的话语。关于这套话语的详细情况，我将在最后加以考察。对于身处历史重大转折点上的我们来说，为了不容许其反复再生产，现在需要把看到“世界史”之终结的人们所怀抱的假想和认识错误以及基于错误而构筑起来的自我正当化的言说和理论，彻底暴露于批判性的视野之下①。

六 “世界秩序”的主要成员日本

明确地形成于1930年代的日本国际地位，是作为“国际政治游戏的主要制衡力量”之一的、面向世界要求其“秩序”重构的地区指导者日本的地位，也是一种面向世界主张扩充其权益范围的

① 对于高坂正显、高山岩男等战时座谈会记录《世界史的立场与日本》和其中所收京都学派战时言论加以隐蔽，以及目前正在进行的旨在表彰京都学派哲学言论的再版工作，我不得不说这与围绕教科书而强调重写历史的论调是同样性质的东西。

帝国主义日本的地位。通过这个扩充权益范围的要求，East Asia 作为“东亚”这一地缘政治概念得以重新构成，不久随着战争的发展作为不可缺少的补给基地的“南方”（南太平洋地区）被划入日本的新权益范围。从 30 年代开始，日本建立起以自己为盟主而君临“东亚”的地域概念，又将亚洲“南方”作为自己不可缺少的领域附加于己，最后形成了“大东亚”。

然而，这个确立于 30 年代，并据此发动了十五年战争的帝国日本，其有关自己在世界中之位置的认知图式，在经历了 1945 年战败之后真的解体了吗？军事大国日本虽然解体了，但其在有关世界特别是亚洲中的地位之认知图式则保留下来并贯穿战后的过程，难道不是这样吗？日本对战后的处理，是以美国为轴心而实行的。这使其对以亚洲为战场的这场战争发生了误解，自己亲手堵住了通过根本改善与亚洲关系而重建战后日本的道路。毋庸置疑，战后不久出现的“冷战”格局促使以对美国关系为轴心的日本，急于完成战后的处理和复兴。不曾很好地解决与亚洲之关系的日本，稍后与德国一起重新回归美国霸权之下的大战后西方“世界体系”。于是，据说在已然有了平等之日美关系的 1960 年以后，日本以非军事化的形式开始回到曾经的“世界体系”有力成员的位置。这同时也意味着它作为经济强国恢复了在亚洲所占有的地位。

1988 年，我曾在北京逗留数月。当时，映入我眼帘的经济强国日本的（在中国）代表者们的形象，仿佛军事强国日本的代表者们之噩梦般的转世重生一样。当我看到在友谊宾馆庭院里以低廉工资做工的年迈中国妇女照看着日本商社职员的小孩，那情景和身影使我感到了一种难以忍受的滋味。这难以忍受就在于不自觉而延续下来的日本人那个认知图式。对于 1930 年以后日本在世界中之地位的认知图式，虽然经历了战后却由于没有明确清算意识的日本国家而被暗中维持下来，难道不是如此吗？与旧殖民地和被侵略国家的亚洲诸国的关系，日本国家除了一点儿一点儿地做出关系修复的表示之外，根本没有表示出对错误的清算和建立新关系的明确国家意志。由于这种关系修复意识的缺乏，从日本权力机构的高层不断发出有关靖国神社参拜问题，还有历史教科书问题等修正历史的要求。可以说，帝国日本这种具有连续性的要求贯穿整个战后过程，而一直由日本国家保持下来了。“日之丸・君之代”的法制化，便是日本国家与那个帝国日本具有连续性的露骨而不知羞耻的认知要求[①]。

七 “世界史”的终结与历史转折

始于1980年代而在90年代逐渐明朗化的“冷战”格局的解体，以及世界各国家间秩序的动摇和全球化中所见超越经济界限的流动化，昭示我们正处于历史的重大转折时期。所谓重大转折，也便意味着某种终结和开端吧。什么终结了呢？终结了的只能是那个“世界史”。我们只能说，1850年以来日本自愿与其发生关系并参与其中，成为其有力成员之一的“世界秩序”，连同那个“世界史”一起终结了。也即，“世界史的哲学”论者最早提到其终结的那个“世界史”。

然而，谈论某种历史的终结乃至开始，这将是怎么一回事呢？

---

① 我对“日之丸・君之代”问题的议论，参见《此乃原则问题》（收入《超越“日之丸・君之代”》一书，岩波书店，1999年）。

此刻身处其历史过程中的我们，谈论其终结或者开始，这种话语能够成立吗？所谓终结，如《历史的终结》那位作者那样，不过是在归结为民主主义之胜利的20世纪末，陈述和确认了黑格尔解释者之“历史的终结”话语罢了。另外，我们是否应该将某种终结作为新的前进方向之预测来谈论呢？谈论我们应选择之前进方向的话语，并非通过积累下来的各种资料数据而单纯预测将来。占卜者的话是不负责任的。有关历史发展道路的表态，应该以发言者对历史的态度为前提，应该是与包括自己在内的社会之发展方向相关的伦理性行为。如果认识到我们此刻身处重大的历史转折时期，那么这个转折当然应该包括自己亦在其中的各种体制的解体。通过这种转折确定将来的前进方向，为了就此有发表意见的能力，就要以我们对所有过去的反省性认识为前提。认识历史的目的，是要通过“这样不行”等自我否定性的认识来厘定走向将来的道路，而不是为了再次确认自我的连续性。自我反省这一理所当然的伦理性态度，乃是谈论未来前进方向的不可缺少的前提。

我之所以强调要从曾谈论“世界史”的终结和新“世界秩序”构想的“世界史的哲学”那里吸取教训，也是出于这样一种对待历史的态度。我称其为教训，是因为“世界史的哲学”话语有必要与“何以只能如此呢？”这样的否定性追问一起得到回顾。早已讲到“世界史”终结和新世界开端的“世界史的哲学”，为什么只能成为帝国日本侵略主义的哲学性粉饰呢？对于如今面临“世界史”终结而对未来有所表态的人来说，这是深刻而不可或缺的反省性追问。

八 “世界史的哲学”之教训

关于导致第一次世界大战的欧洲近代原理所包含的矛盾及破绽，高山岩男指出，“自由主义基本原理，最终归结为毫无内容的伦理理想与权力横行的事实无法连接在一起的状态，而失去了导致世界永久和平的实质性道义力量”。这里所说的欧洲近代世界的理想与事实之间的矛盾，乃是欧洲近代文明的普世主义理想与主张自我权益的近代主权国家之间的矛盾。那么，发源于近代欧洲的世界史，也就是我称之为“世界史”的历史阶段，已经是由这种矛盾所构成的东西了，而因其矛盾激化，这个历史阶段已然开始走向终结。高山认为，事实上第一次世界大战已证实了这一点。那么，写作《世界史的哲学》之1942年所进行的世界大战，就成了导致“世界史”真正终结的战争吗？不，高山把日本与英美的战争视为对“确立在欧洲近代原理之上的世界秩序的抗议”。他说贯穿这场战争的是力图“打破旧的近代秩序，建设新的世界秩序”的精神。如今经由遂行战争的日本，“世界史的转折”正在发生。

然而，在怎样的意义上，日本的战争行为具有导致“世界史转折”的行为正当性呢？日本难道不也是作为追求自我权益的近代主权国家而遂行了战争吗？被称为“圣战”[①]的“大东亚战争”，难道不是日本针对欧美而要求自己在东亚的帝国主义霸权才发动的战争吗？“世界史的哲学”立场，对于这些追问将以怎样的话语构成来

① 高坂正显称“圣战”的意义，在于“此乃实现世界史之意志的、属于公共领域的战争”（见《民族的哲学》）。

回答呢？大讲“圣战”、“总力战”和“战争之形而上学”[1]的这套哲学话语，其正当性根据在哪里呢？下面，我们根据高山岩男《世界史的哲学》和高坂正显《民族的哲学》来整理展示一下。

1. 有关历史世界中之国家的诸种话语

“作为历史性国家而维护自身，这只能是历史性的世界。国家的所有伦理和权力都存在于这个历史性世界中，并为其所规定。”“在国家之中没有任何来自外部的抽象道义，也没有任何来自外部的审判法庭。从这个意义上可以说，国家是一个绝对性的存在。”“所谓世界史是世界审判，其意义不在于此乃站在国家之上的超越者审判，而必须是从国家本身的历史命运显示出来的自我审判。”（《世界史的哲学》）

“民族是主体性的也是实践性的，故具有自我规定性和权威性。这个民族是构成国家的民族，国家性的民族。”“世界史的民族，是解决世界史问题的民族之意。它成为果敢地实践这个课题的民族。”“在历史性世界里具有绝对权威和权力的只能是国家。”“国家的出现是以战争为媒介的……战争将民族铸就成国家。”“可以称作战争的东西只有在与绝对权威相关联的地方才存在。主张绝对权威的各国之间必然爆发战争。”（《民族的哲学》）

2. 关于世界多元共同体的诸种话语

“具有现代国家特性的诸多国家，是从直接对抗世界的凡尔赛体制中建立起来的。……在此需要认识到，我们称之为共荣圈或

---

① “战争之形而上学”系高坂正显《民族的哲学》中一章的标题。

者广大共同体的特殊世界，与所谓帝国在意义和结构上都是不同的。”“所谓生命线与特殊世界的结构和领域，有着密切的关系。它显示为国家当下生存所必需的领域。”“这个世界（特殊世界）要求以历史上、经济上的连带性和人种、民族、文化上的亲近性为基础，在此基础上构成紧密联系的政治统一性世界。而且在现实上要求以此政治统一体或类似于国家的组织为指导者，我想这里当需要主权实质上的分割和新的分配性组织。”（《世界史的哲学》）

“（共荣圈问题有其政治上的理由，）共荣圈中的核心国家，只有以周围其他国家为媒介才能确立起世界史中的主流地位。没有政治支撑的文化是无力的，没有文化支撑的政治是盲目的。”“世界空间在横向上已然被撕裂。正因为如此，必须从自身根底上找到世界空间的纵向统一，也必须准此来规定自己。”“我们甚至可以说，当今世界已经进入新的政治史时代。而且，这种政治力量不是单纯一国的政治力量。它终将是以文化为媒介的广域政治力量。”“不是单纯的东亚解放。毋宁说，这解放是对东亚的新发现，是东亚的重新确立。正如民族只有在自我规定时才是真正的民族一样，大东亚亦在成为自我规定者之际，才能真正发现自己。”（《民族的哲学》）

这里，作为教训已经提示出这样一些重要命题。

（1）“世界史的哲学”强调近代普世主义理念的抽象性，又以黑格尔具体的普遍概念为中介，来辨明历史性世界中的国家立场。国家乃是理念的现实态，主体性民族作为历史性世界中的国家，将自己限定自我。国家是伦理、权威、权力的统一体。源自国家的战争行为，其本身是正当的。

（2）“世界史的哲学”以多元性广域圈来构想新的世界秩序。

广域圈是文化的，同时也是政治性的。作为政治性统一体的广域圈，由指导性的国家来主导才能得到实现。东亚从自身内部来规定作为东亚协同体的自我，这时才会建立起真正的协同体。这样的协同体，才是新世界史的主流。

然而，“世界史的哲学”强调要克服由近代理念之普世主义和近代主权国家之特殊存在间的矛盾所构成的旧“世界史”和旧“世界秩序”，所采取的路线乃是根据自己的历史哲学逻辑，通过历史世界之现实态的国家，来实现新“世界史”和新“世界秩序”。和辻哲郎在《伦理学》中讲道，“在全体性当中，最高层级的终极性者乃是国家的全体性”，表示要把国家作为“最高人伦态”的理念①。与和辻一样，以克服来自西欧普世主义近代原理为口号的昭和法西斯时期的哲学家们，通过构筑把历史之现实态的国家在理念上绝对化的哲学话语，使自己的话语带上法西斯时代的特征。“世界史的哲学”家们要谢绝作为“强者之礼物”的普世主义，依据“历史性世界的自我规定”②这一历史哲学逻辑，以这个世界中作为“特殊国家”的现实国家之存在为前提，构筑起这样一种哲学修

① 和辻哲郎主要著作《伦理学》中卷（1942年）第七节中的文辞。该中卷在战后做了部分修改，因此没有这段原文。他的“绝对全体性的自我规定”之国家观，是以对抗“把国家混同于利益社会”的近代欧洲国家观为旗号而构成的。

② 例如，西田几多郎这样说道：“从历史世界的某时某处出发，某个民族作为历史世界的一种而形成一个特殊世界时，一个国家便确立了。……国家是在自我表现意义上形成自我本身的个性化世界，是历史世界的自我规定之一种形式。历史世界作为无限形式的自我规定，无论如何都是从被创造走向创造的。”“国家是历史世界本身的自我规定形式，即自觉形式。我们是从国家的意义上来把握历史世界的。”（见《西田几多郎全集》第12卷所收“哲学论文集第四补遗·附录二”）

辞：该国家以自己的历史性生存条件而成为“世界史国家”。

他们奉献给国家的哲学阐释，因其为有关现实中的国家之哲学性话语，而不能不成为一种粉饰。这样一种悲惨的结局，已经在他们饶舌狡辩的历史哲学话语中得以显现。这种辨明国家理念的绝对性、成为修补粉饰现实中国家的修辞且早就声称“世界史”终结的话语，难道不是作为“世界史”终结期的话语而为自己涂上了特色吗？所谓“世界史”的终结，也便是这个对抗性的新“世界史”话语的终结。

作为教训，我们追溯了谈论“世界史”终结的这个“世界史的哲学”，而对于身处重大转折时期的我们来说，下面这一点是清楚的：“世界史”的终结乃是把国家作为历史中行为合理化的终极根据，这样的时代已经终结，而且必须终结！将国家视为正当化根据的最后行为便是战争。因此，我们不能不承受一个沉重的追问：如果“国家”不是历史中我们行动的正当化根据，那么，什么才是将该行动正当化的根据呢？“人类的生存”抑或“地球”？同时，这个“国家”本身也必须与此沉重的追问一起受到重新质疑。构成“世界史”的这个国家与辨明“国家”之绝对性的话语一起，会越过当今的重大转折期而持续下去吗？不，这是不可能的。

第二章
黑格尔“东洋”概念的紧箍咒

在大道中、灰土上、田壤间、小山头、白蚁巢边、作为燃料的木柴上、沟渠里、河岸上等等地方行走或者站着，不得随地小便。

——黑格尔《历史哲学讲义·东洋世界·印度》[①]

基督教世界已然不再有什么绝对的外在世界，有的只是在理念上即将得到克服的相对的外在世界，我们只需对这一事态本身予以确认就可以了。

——黑格尔《历史哲学讲义·日尔曼世界·中世纪》

---

① 据长谷川宏译黑格尔《历史哲学讲义》(上下两册，岩波书店，1994年)。由于有了长谷川氏的日译本，我们才得以统览黑格尔的历史哲学，可以说此译本淋漓尽致地将《历史哲学讲义》的高迈和鄙俗展现在我们面前。鉴于已在传记和文献方面逐渐清楚了黑格尔的真实面貌（柴田隆行《走向崩溃的黑格尔像》,《思想》杂志第913号)，通过此译本所实现的黑格尔历史哲学的去神秘化是值得欢迎的。(可参考的中文译本为王造时译《历史哲学》，北京：生活·读书·新知三联书店，1956年；中译本与日译本在编目和内容上均有一些差异，为尊重子安宣邦本书的原貌，后文提及黑格尔这部著作的日译本时，仍保留《历史哲学讲义》的译名——译注)

一 《武士道》与黑格尔

新渡户稻造在谈到写作《武士道》的动机时说，这是为了回答一位比利时法学家面对非基督教异质性的日本社会所发出的满含惊奇的下列疑问："如果没有宗教，道德教育将如何成为可能？"《武士道》，就是一部针对文明国的质疑而以文明发展中国家的身份提出抗辩的著作。与同为文明国的人士，或者以文明国的语言来谈论日本的小泉八云（Lafcadio Hearn）和萨道义（Ernest Mason Satow）相比，试图重述日本的新渡户可能有的唯一优势，就只在于"他们有着高高在上的律师乃至法官的地位，而我则可以取被告的姿态"[①]。在此，面向文明国而试图陈述日本的场域，准确而巧妙地被比喻为法庭。这个比喻有着沉重的意义。[②] 文明国针对非文明国或半文明国所采取的关系，被视为以文明的规范来质问对方的法庭审理关系。后者被置于回答前者文明论质问的抗辩者的位置。新渡户也正是将自己当作被告的。他说被告可以陈述，这是"唯一的优势"。那么，这是怎样一种优势呢？是辩明者本人的陈述的直接性吗？总之，他将自己规定为面对文明国的被告人即抗辩者。

新渡户稻造面对来自文明论的质问，他一边重构日本的道德传统，一边试图做出回答，而这本《武士道》便是身临此文明论场面由被告人性质的抗辩者重构起来的日本道德传统。不过，此道德传

---

① 新渡户稻造文章见《武士道》第一版序（1898 年改版）。引文据矢内原忠雄译《武士道》（"岩波文库"，第 15 次印刷，1974 年）。

② 在此，我当然想起了以文明之名开庭的东京审判。面对发达文明国，将自己规定为"被告"的新渡户稻造的抗辩实在是沉重的预言性话语。

统现在是经由新渡户以封建社会统治者等于武士的精神气质为框架，而重构起来的。他的这项工作会让我们立即想起内村鉴三的《日本的代表人物》一书。欲证明非基督教国日本确实存在伦理性、宗教性人格传统，内村也是要将自己作为“主耶稣基督之弟子”的自觉与作为“一武士之子”的自觉一体化的[①]。摆脱了封建性因袭，试图使之文明化的新日本知识分子，他们以面向西洋发言者的身份，在唤起武士精神气质的同时，对日本道德传统或伦理主体做了对抗性的重构。这意味着，为面对近代日本的社会变革准备了必要的自我否定式的敢于献身的行动者，这个行动者的本质是前近代封建社会所铸造的武士人格及其精神气质。不过，我这里并不想深入探讨关乎武士精神气质的思想史问题，我视为问题的是对“武士道”这一道德传统之对抗性重构，是对质问者西洋的双重抗辩。

新渡户稻造对道德传统的重构，首先是针对西洋质问者怀疑非基督教异质性世界之东洋日本是否有其道德而发出的抗辩，而且，这种道德传统的重构是围绕封建社会的产物——武士的存在来展开的，因此也就成了针对西洋近代的双重抗辩。

> 封建性政治容易堕入武断主义。在其根底上将吾人从最恶劣之专制中解救出来的是仁。当被统治者彻底奉献了“生命和身体”之时，所余便只有统治者的意志了，其自

① 《日本的代表人物》“德语版跋”这样写道：“吾乃武士之子中最小者，也是主耶稣基督之弟子中最小者。然而，即使于两者关系中为最小者，亦不能轻视吾自身之中所有武士之部分。此正与吾武士之子相称之自尊与独立也。”引自铃木俊郎译《日本的代表人物》（“岩波文库”，1941 年）。另，此书之前身《日本及日本人》（*Japan and Japanese*）出版于明治二十七年（1894）。

然的结果便是集权主义的发达。这常常被称作“东洋的专制”，就好像西洋历史上一个专制者也不曾有过似的！

我断乎反对任何种类的专制政治，然将封建制与专制政治等同视之乃谬误也。[①]

《武士道》中新渡户稻造的抗辩，显然是以西洋的历史哲学为前提的。敏感的读者会容易感到，这里有着黑格尔“东洋的专制”或者与“封建统治”相关的哲学论述的阴影。新渡户所谓“就好像西洋历史上一个专制者也不曾有过似的！”一语，意味着对西洋所谓“东洋的专制”这一对东洋社会的历史性格规定，表示激烈的抗议。

《武士道》作于19世纪末的明治三十二年（1899）。中日甲午战争后经过四年，亚洲新兴国家日本最终与俄国围绕东北亚的霸权展开了争夺战。这是欲跻身于由西洋发达国家之世界史过程的新兴日本的登台亮相。背负着自身独特的历史进程而逐渐确立起近代国家的日本，通过这样的登场要得到自身为文明国的承认。新渡户的《武士道》也好，内村的《日本的代表人物》也好，都是一面背负着长期封建制的历史进程，一面以自己的方式实现近代化而成为新兴国家，要求得到发达国家承认的体现。同时，这一要求又伴随着对西洋判定东洋社会为“专制”所做出的强烈抗议。

---

① 见《武士道》（“岩波文库”）第5章“仁、恻隐之心”。内村鉴三也对日本的封建制有一种抗辩：“封建制度有很多缺欠。因此，我们将封建制度改为立宪制度。但是，我们担忧有没有将洗澡水连同孩子一起泼掉了呢？我们是不是连同封建制度一起也丧失了连带的忠义、勇武、浓重的刚烈和人情味呢？”（《日本的代表人物》）

数年前，我有机会重读新渡户稻造的《武士道》，发现其中黑格尔历史哲学的强烈阴影而感到震惊。如今，用东方学等理论重构起来的历史批判视野来重读这一著作，使我重新发现了以前不曾注意的问题。我的震惊，与发现黑格尔历史哲学对近代日本思想历程有如此强烈的决定性影响有关，同时也与下面这样的认识有关——近代日本思想的历程也便是与文明论上之黑格尔历史哲学对“东洋”问题的定位进行格斗的过程。

试图重估封建社会形成的自我否定、自我牺牲式武士伦理精神的新渡户稻造，在他努力重构日本道德传统的这一行动背后，强烈意识到的是黑格尔历史哲学对“东洋”的某种否定性视线。

> 读者大概不会以为，我是抱有赞赏意志上之奴隶性服从的不当偏见的人吧。我大体上认可博学而思想深邃的黑格尔所主张的历史乃自由之发展与实现的观点。我要阐明的是，武士道的所有教旨在于通过自我牺牲精神而获得浸润灌溉，这不仅对女子同时也是对男子的要求。[①]

二　东洋的专制

作为意指被文明进步抛在后面，持续维持着历史原初形态而以东洋古老大国中国为代表性的政治国家形态，“东洋的专制”（oriental despotism）乃东洋性的明确指标，是由西洋投掷过来的词语。同时，这又是试图将自己定位于文明历史中的新兴国日本，希

---

① 《武士道》第14章“妇人教育及地位”。

望摆脱此词语束缚或免遭“东洋性”规定的令人忌讳的咒语。

黑格尔在《历史哲学讲义》的叙述中，将希波战争视为希腊精神的胜利。为抗击波斯帝国的压制，以爱奥尼亚诸城邦揭起叛旗为发端，在波斯和希腊诸城邦之间展开了战争，波斯历经四次远征均告失败，最后以希腊的胜利告终。由此，雅典的霸权得以确立。黑格尔称这场战争是“拯救了文化和精神力量，使亚洲原理走向衰败的世界史之胜利”。他还比喻说，“世界史的天平”通过希波战争而量出了决战的两个世界的高下。

> 在世界历史上决定名誉高下的，既不是形式上的勇气，也不是所谓的功勋。在此，世界史的利害被置于天平上，天平的一方放着东方专制政治，也就是统一于一个君主的世界，另一方放着领土物资都很匮乏的分立之小国中个人自由给生活带来生机活泼景象的世界。精神力量对物质能够发挥如此巨大的优势，实在为历史上所罕见。[①]

有关这场希腊精神战胜东方专制的希波战争的叙述，明确表现了黑格尔历史哲学对于东洋的双重姿态。一个是对发端于这场战争的胜者希腊的世界史——人类自觉的历史之发展——来说，败者东洋乃是在世界史的发展的彼岸、以历史原初的无始无终之停滞状态而被遗弃的一个世界。东洋，是世界史的发展已经克服或必须克服的历史原初阶段的世界。另一个是被置于天平的另一方，由西方世

---

① 《历史哲学讲义》(长谷川宏日译本，岩波书店)下卷，第2部分“希腊世界”第3篇“外交时代”第1章“希波战争”。

界的价值来衡量的东洋世界。源自希腊的世界史经由罗马世界发展到日耳曼世界。在西洋，世界史不断发展并逐渐得以确立。而东洋则是世界史之外的、反世界史发展的世界。黑格尔认为，世界史乃是人类对自由之自我意识或人之内在精神的认识过程。而十字军远征，在黑格尔那里则被象征性地描述成了使基督教世界得以确立的一个转折。即，十字军在东方之地发现了基督的墓穴，他们将外在的墓地留在那里，而复活了作为人类内在精神的基督，并带回了欧洲。

> 他们通过实践活动不仅体验到了幻灭，作为结果他们还懂得了十字军远征的艰难。所寻找到的个人是作为主体意识的存在，而不是什么可见的自然之物。世俗的东西和永恒的东西相结合，就是个人的精神的东西之自我认识的独立。人类世界就是这样获得了这种确信……西方向东方告了永恒的长别，而对于它自己的原则——主观的无限的自由——获得了一种理解。①

永远告别了东方之国（Morgenland）而成立起来的西方之国（Abendland），乃是以主体的自由内在化的精神为原理的基督教世界。世界史天平一方的秤盘所载的，对于另一方秤盘上之西洋来说乃是反世界史的世界——东洋，它与其说是“非”，不如说是“反”基督教的世界。黑格尔历史哲学对东洋的视线，不仅把东洋视为历史之幼年期的世界，而且是作为反世界史、反基督教世界的历史幼

① 《历史哲学讲义》下卷，第4部分“日耳曼世界”第2篇“中世纪”第2章“十字军远征”。

年期的世界，即反西洋的世界，而构成的一个概念。将世界史当成西洋世界成立过程的历史叙述，使“东洋”成了一个反“西洋”的概念构成。

> 依照这个抽象的定义，世界历史可以说是精神在继续做出它潜伏在自己本身的精神之表现。……东方人还不知道，精神——人之所以为人的本质——是自由的，因为他们不知道，所以他们不自由。他们只知道一个人是自由的。唯其如此，这一个人的自由只是放纵、粗野、热情的兽性冲动，或者是热情的一种柔和驯服，而这种柔和驯服自身只是自然界的一种偶然现象或者一种放纵恣肆。所以这一个人只是一个专制君主，不是一个自由人。[①]

这样，东洋人（die Orientalen）成了不知人类本质为自由的存在，在东洋只有一个人即专制支配者才是自由的，但这个专制者的自由只是一个随心所欲的恣意存在，不晓得人类自由的东洋人世界乃是一个专制者（ein Despot）统治的世界。“东洋的专制”这一词语，就这样作为反西洋原理的东洋世界的标志而得以成立的。

三　作为西洋异质性的东洋

在黑格尔那里，“东洋”处在作为西洋原理之世界史的发展之

---

① 《历史哲学讲义》上卷，绪论 B“什么是历史理性”。

“外”，在时间和空间上都是不同于西洋的世界。[1] 构成“东洋”的乃是“我们西洋”的原理。注视中国古代社会和印度古代宗教的黑格尔，为了反省而自我设定的是“我们的国家”“我们的宗教”这样一些判断标准。试图批判地叙述印度宗教的黑格尔，首先提出的就是“我们的宗教”即“本来的宗教”。

> 这就是有关我们存在本质的知识，因此也便是以有形的方式映现我们生存方式之根本的东西。不过，因此而人的存在作为具有神圣目的的主体得以出现，神圣目的则必须有引导人之行为的内涵。[2]

黑格尔历史哲学有关“东洋”的叙述，也便是以提示“我们的宗教”“我们的道德”，乃至“我们人类”这样一些批判性的根本标准为前提的。在这个意义上，黑格尔历史哲学中的“东洋”叙述，便成了这样一个最初也是最彻底的代表性例子：从西方视野出发关注东方，由此构成对异质性文化的理解，即非西洋的文化叙事。

黑格尔认为，历史上最早确立起国家的是中国，中国是一个整体性的国家，从古到今中国一直维持着这样的整体性国家的状态。他这样表述原本是要说明，没有变化发展的国家并非真正的国家。那么，何谓国家呢？针对中国、印度这样的对象，黑格尔说：

---

① 例如黑格尔这样说道：“中国和印度可以说还在世界历史的局外，而只是预期着、等待着若干因素的结合，然后才能得到活跃的进步。”（《历史哲学讲义》上卷，第 1 部分“东洋世界”第 1 篇“中国”）

② 《历史哲学讲义》上卷，第 1 部分“东洋世界”第 2 篇“印度”。

> 所谓“国家”乃是“精神”的实现，即精神以法律的方式而实现了自我意识这样一种“意志”的自由。在此，一般而言意识到意志的自由乃是前提条件。在中国这个国家里，皇帝的道德意志便是法律。个人主观内在的自由遭到压抑，外在于个人的东西支配着人们。……国家固有的根基——自由原理完全欠缺，故真正意义上的国家不可能存在。……如果说中国是一个整体性的国家，那么印度的政治体制只属于一个民族，而不是国家。[①]

他认为，中国即使在历史上建立了最早的国家，但这是一个压抑个人自由（此乃国家发展的重要因素之一）的国家，或从其成员夺走自由而归于皇帝一人专有的国家。这虽为国家却不是原本应有的，相反是反国家的。就是说，此乃处在“我们的国家”之对立面上的。正因此，它被命名为“东洋的专制”国家。

> 共同体的理想状态并没有得到反思，或者在主观上得到认可。反映共同精神的共同体并没有作为主观的愿望得到发展，反而成为君主发挥专制统治力量的工具。
>
> （中国社会的一般原理）是共同体的精神从个人的精神统一中演绎出来。换言之，其实体就是普及于这个全世界人口最多国家的家族精神。个人按照共同意志的命令行事，而不知道共同体的权力与自己的对立。中国尽管有平等，

① 《历史哲学讲义》上卷，第 1 部分“东洋世界”第 2 篇“印度”。

但没有自由，故政治形态上只能是专制主义。[①]

在缺乏个人主观性契机的中国社会，其法律道德抑或宗教学问都没有在人们各自的心理、内在性中得到认可接受。人被外部的力量规定，关心的始终是外在的事情。“因为犯罪的人对于行为本身的性质没有任何的反省。在中国，一切罪过——无论违反了家族关系的法则或者是国家的法则——都实行体罚。”“因为真正的信仰，只有摆脱了来自外部的权力、能够独立生存的个人，才能具有。而在中国，个人并没有这样一种独立性，所以在宗教方面，它也是依赖性的，依赖于自然界的各种对象，其中最崇高的便是上天。”在喋喋不休地讲述中国缺乏内在性之后，黑格尔还有一段可谓决定性的话语：

在中国，缺乏主观性的园地和那种追求理论探索的本来应有的科学兴趣。这里没有自由的观念精神的世界。能够称为科学的，仅仅属于经验性的东西，而且本质上是以国家的“实用”为主——专门适应国家和个人的需要。他们的文字对于科学的发展，便是一大障碍。或者反过来讲，因为中国人没有真正的科学兴趣，所以他们没能创造出很好地表达和传递思想的工具。[②]

这里，相对于内在性的西洋文化及其社会，为外部所规定的东洋特别是中国文化及其社会的状态遭到了淋漓尽致的描述。这个由

① 《历史哲学讲义》上卷，第1部分“东洋世界”第1篇“中国”。
② 《历史哲学讲义》上卷，第1部分“东洋世界”第1篇“中国”。

黑格尔构筑起来的东洋形象，从根本上规定了后来西洋对东洋的理解，即将“内在性”和“外在性”相对置来认识作为不同文化、不同社会的东洋或中国。隐含于黑格尔“东洋”概念紧箍咒中的，是那种来自近代西洋的观察东洋的视线。它不仅规定了马克斯·韦伯关于中国精神的类型化认识[①]，也规定了鲁思·本尼迪克特有关日本文化类型的理解[②]。而且，黑格尔的“东洋”概念还束缚了试图与西洋立场相一致的日本观察东洋的视线。

另外，如果将黑格尔历史哲学中的东洋叙述看作对异质文化的理解，那么，我们将会看到这个叙述中具备了“异质文化理解”一词所示之他者文化理解的所有可疑和不可靠性。在黑格尔的文化理解中，几乎是不加区别地混杂着旅行者对不同社会出于好奇心而记录下来的有关传闻资料和长期侨居中国者探索性的文献资料，并据此构筑起他的异质文化形象。出于对不同风俗的好奇心所做的观察，往往会成为重视对象文化之异质性的他者文化理解。例如，在批判中国社会没有从内心问罪而强调外在惩处（体罚）占了统治地位之际，黑格尔竟然引用了这样的传闻：

> 英国晚近派往中国的使节，由王公君臣伴着从宫中回去的时候，礼部尚书为了清道起见，毫无礼节地用鞭子赶

---

① 马克斯·韦伯《儒教与道教》（木全德雄日译本，创文社，1971年）。如韦伯这样写道：“中国人没有优秀的清教徒那种受宗教制约的、内在理性的生活方法论。”“儒教慎独的出发点在于保持外在仪态举止的尊严，即顾面子。”（第8章“结论——儒教与清教”）

② 鲁思·本尼迪克特《菊与刀——日本文化的类型》（长谷川松治日译本，“现代教养文库”，1976年）。

开拥挤的王公贵人。[①]

四 “脱亚”的文明论构图

福泽谕吉宣称，“与恶友亲近者，难免自己也成为恶友。我们于心底谢绝亚洲东方的恶友”[②]，明确昭示了日本应把中国、朝鲜留在陈旧老套的亚洲之中而采取“脱亚”的路线。在明治十八年（1885）三月十六日《时事新报》的社论中，他说：

> 国中不分朝野，万事诸般取法西洋近时文明，不仅要脱离日本的老套，还当于亚细亚全洲重新形成一个轴心，而所举之主义只在于“脱亚”二字。

关于福泽谕吉抛弃弱者转向强者的逻辑，乃至可以理解为一贯轻视（或蔑视）亚洲的“脱亚论”，《福泽谕吉选集》的解说者指出：这个议论的前提在于当时朝鲜局势的根本变化。即福泽也曾参与的朝鲜改革派政变（甲申政变，1884年）的失败，这意味着朝鲜通过内部改革而实现近代化的设想完全落空。为此“福泽宣布支援朝鲜内部改革派的近代化政策再追求下去也没有意义”[③]，因此才有《脱亚论》一文的发表。这是根据福泽所谓“针对时局的思考”，

---

① 《历史哲学讲义》上卷，第1部分“东洋世界”第1篇“中国”。

② 见《福泽谕吉选集》第7卷（岩波书店，1981年）所收“时事新报论集”中的“脱亚论”。

③ 《福泽谕吉选集》第7卷“解说”（坂野润治）。

通过指出当时具体形势而对《脱亚论》一文所做的说明。这个说明，并没有深入福泽"脱亚"话语结构的内部，只注意到其针对状况的认识能力而予以评价。然而，问题在于福泽为什么采取了"脱亚"这一话语结构。

"脱亚"这个话语结构，乃是在西洋文明发达国家与非西洋的亚洲非文明国家这一两分法的世界认识中，将日本规定为新兴文明国，并以文明国与非文明国的关系结构来说明日本与其他亚洲诸国的关系的。只要是采取这样的态度，福泽谕吉"脱亚论"的话语结构在他最初文明论的话语中就自然具备了"脱亚"的内涵，而明治四十年（1907）初朝鲜问题紧迫起来的过程，只是使他这种话语逻辑更加凸显了而已。甲申政变不是使他的话语结构突然发生了变化，而是使之进一步明显而尖锐化了。福泽所写《时事新报》（明治十五年三月创刊）社论，清楚地显示了这样的发展演变。在明治十五年三月所作的《论与朝鲜的交际》中，福泽对比日本和朝鲜说，"日本强大，朝鲜很是弱小，日本已经文明化了，而朝鲜尚未开化"，进而将日本之于朝鲜的关系类比为美国与日本的关系，"如此，我日本国与朝鲜国之关系，可视之为美国与日本之关系也"[①]。在这样的关系结构中，不管是否表明了日本要承当指导落后朝鲜的角色，总之将强加给日本不平等条约的发达文明国与本国的关系类比成本国与朝鲜的关系，结果只能得出一个结论：把强加于自己头上的不平等条约施加到朝鲜那里。福泽曾经接触旁若无人地对待中国人的在香港的英国人，他说过下面这样性质恶劣的反讽之语：

---

① 《福泽谕吉选集》第7卷"时事新报论集"中的"论与朝鲜的交际"（明治十五年三月十一日）。

“虽说厌恶压制乃人之心性，而人只厌恶压制自己者，若自己压制他人则人世最高之快乐也。”[①] 文章结尾更有“我辈之志向只在压制此种压制，于世界中一味获得压制也”之语。即便说这是反讽，也属于低劣的反讽。其低劣之处在于，使本国独立的志向变成了暴发户式的新兴帝国的霸权志向。“何时，日本将光耀国威，制御印度人、支那人等，不但效仿英人，且辱其英人，而将东洋权柄掌握于吾国手中，此乃壮年血气方刚时节，暗藏于吾心中之志至今不能忘怀也。”[②] 这段不加掩饰的自我志向表白，不正是把非文明的亚洲诸国毫不含糊地贬为以自己的权力予以压制的国家了吗？不必等到甲申政变，在福泽那里，“脱亚”的话语结构早已是昭然若揭了。

再次重申，所谓“脱亚”乃是以“使之于亚细亚的东边诞生一大新的英国”为自己国家的志向，同时欲在其他亚洲各国之间确立起文明国对非文明国这样一种文明论关系结构。尤其是与之邻接的古老大国中国，在这种关系结构中被规定为停滞于文明边境之外的东洋。因“文明进化的先后”而规定了其国家的优劣。土耳其受到来自欧洲各国外交上的污辱和蔑视，是文明进化的落后而将本国子民置于“文明边境之外”的缘故。福泽谕吉把土耳其与中国等量齐观，写道：

> 今日之支那与土耳其有何异同可言呢。土耳其人沉湎于伊斯兰教杀伐唯是，支那人妄信儒教不解事物之真理，可谓

① 《福泽谕吉选集》第7卷“时事新报论集”中的“压制亦快乐也”（明治十五年三月二十八日）。

② 《福泽谕吉选集》第7卷“时事新报论集”中的“东亚政略当如何”（明治十五年十二月十一日）。

均为文明境外无知之愚民也。[①]

“脱亚”的话语逻辑中所见文明论的关系结构，乃是对黑格尔历史哲学“东洋”概念的再生产。自负为文明国的日本，将除自己之外的亚洲各国强行规定为于文明边境之外停滞的东洋。在此，我们可以不问福泽谕吉是否读过黑格尔。视自己为欧洲文明的嫡传弟子而构筑起来的“东洋”话语，在觉得自己已然脱离亚洲之后，会自然产生黑格尔式的“东洋”概念的。

五　东亚国际秩序的重组

欲“使之于亚细亚的东边诞生一大新的英国”，在这个近代日本国家的欲望中也包含着重组亚洲，特别是以中国为中心的东亚之国际秩序的企图。而所谓“新的亚洲国际秩序”，便是以新的文明国日本为盟主的国际秩序。针对欧洲势力的东移，亚洲必须在防卫上加以重组，福泽谕吉是这样描画其蓝图的：“当此之际，亚细亚全洲同心协力，以防西洋人之欺凌，哪个国家可为其魁首盟主？吾辈不敢夸耀本国，然平心观之，可谓于亚细亚东方，胜任此魁首盟主者乃我等日本也。”[②]而作为亚洲盟主的日本，其地位是由下面两个要素确立起来的：通过强力将亚洲纳入欧洲中心的文明世界秩序，同时面对这种强力，要求以亚洲唯一文明国日本为中心实行防卫性重组。这也是整个20世纪前期日本的世界战略。

---

① 《福泽谕吉选集》第7卷“时事新报论集”中的“牛场卓藏君赴朝鲜”（明治十六年一月十三日）。

② 见《福泽谕吉选集》第7卷所收“论与朝鲜的交际”。

然而，以日本为盟主重组东亚国际秩序，意味着盟主地位由中国转向日本这样一个交替。19 世纪，欧洲以其包括卓越的航海技术在内的军事力量，在亚洲展示其新文明的力量。到此为止，中国仍然处在华夷秩序即中华文明之国际秩序的中心。而在近世，中国的中心地位多半是理念性的东西，由明至清的统治权更替已使周边国家产生对中国的怀疑和动摇。但是，要从理念上的东亚盟主中国那里夺得其地位，日本不仅要获得军事上的，而且还需要理念上的胜利。东亚这种盟主的更替，必须是新旧文明的更替，以及由停滞走向进步的历史观之革新[①]。

竹越与三郎的《二千五百年史》是以庆应三年（1867）的“大政奉还”为新文明国日本的出发点，并以此作为回溯历史的起点而叙述的日本文明史。正因为日本乃是试图支配世界的近代欧洲文明的亚洲嫡系，才有了竹越这种历史叙述。《二千五百年史》的初版，由开拓社刊行于明治二十九年（1896），这正是否定中国对朝鲜的旧宗主国权、试图确立起自身之支配权的日本与中国进行军事性对抗的时期。该书记述了日本已然成为新文明嫡系，具备了走向文明国的条件。因此，其叙述中有了使这个文明史前景化的主题。即，从文明史方面来说明东亚盟主更替的必然性。《二千五百年史》以“波涛拍打之处文明升起之地也，总而言之，文明乃人与人交通之结果”起笔，记述太古以来日本文明史的环境。竹越的文明史与后来从一国历史来追溯日本统一性起源的国家史叙述不同，他要观察的是人们在跨越波涛的移动和交流中于日本列岛混合而成的文明形

---

① 17 世纪中期的明清鼎革，从政治到思想文化方面影响及于周边的朝鲜和日本。思想文化上中国的地位有了不小的动摇，以至于形成了日本国学中否定性的他者之中国像。

态。他炽热的目光注视着发源于东地中海，跨过印度洋而经由南洋诸岛，最后流入日本的海洋文明。这里所描述的是，日本国民文化的形成乃海洋文明的最终胜利。而且，此胜利也意味着表音文字文化对象形文字文化即汉字文化的胜利。试图从悠久的远古文明史的渊源上来说明近代欧洲文明及其亚洲的代表日本文明对于中国文明的胜利，这无疑是一个远大宏阔的设计。

> 日本国民于其初始，便不曾以支那文明之代表象形文字为国字，而于腓尼基人通过贸易与世界民众交通之前，吾等便倾心于欲移植各国文字而发明表音文字之文明，自然而然产生出“伊吕波”四十七字音。观此，可谓太古日本沿海人种竞争之结果，非支那人种得其胜利，实为经由南洋而来之人种获取胜利。（第 1 章　无文字历史）
>
> ……象形文字之势力，威压弱小之日本文明，仿佛巨石压卵一般，然日本文明全然不曾被压倒，反而产生了其平假名・片假名，虽最初采用些许汉字，却无以证明象形文字确能满足国民之需要。实际上，日本国民根本不曾将支那文字当作日常所用文字，而发明独自表音文字一事，足可证明其背后确乎有腓尼基・印度文明之潮流在。（第 4 章　外国文明之感化）①

这个文明史的远大计划在于描述这样一种表音文字大获全胜的历史图景：作为近代西洋表音文字中之拉丁字母之源流的腓尼基文

① 引自《二千五百年史》，据增订版（二西社，1916 年）。

字及其文明，曾跨越海洋而抵达日本列岛，在阻止了象形文字（汉字文化）之渗透的同时，形成了日本国民文化的基础。作为近代欧洲文明之亚洲先进代表的日本，其成为亚洲盟主的正统性，以文明史上表音文字文明对中华象形文字（汉字）文明的胜利，而获得了说明。这里，竹越与三郎所述表音文字文明获得胜利的逻辑，只不过是将“近代化即西洋文明”作为历史既成事实来追认罢了，但论及文字历史的进步及障碍，其逻辑令我们想起黑格尔历史哲学中对中国的叙述。

黑格尔把缺乏精神之内在性的中国作为没有历史进步的停滞大国，而排除在世界史之外。他认为中国缺乏“属于精神的所有东西，如自由的实体精神、道德心、感情、内在宗教、科学、艺术”，相信象形文字汉字是符合缺乏精神自由之发展的中国社会的文字符号。“中国民族的象形文字书写语言，只适合中国精神形成中静止的东西。”[①] 象形文字汉字正是中国社会停滞性的象征。竹越与三郎通过文明史叙述，在把日本视为近代欧洲的嫡系并置于亚洲新盟主地位而试图重构亚洲时，自然仿造了黑格尔东洋停滞性的逻辑来记述表音文字文明战胜象形文字文明。

六　结语

在与近代欧洲文明相关联中被叙述的日本文明论或文明史的定位，以及从日本眺望中国、朝鲜乃至亚洲的视线，可以说大多位于

---

① 黑格尔《精神哲学》下卷（船山信一日译本，“岩波文库”）第1篇“主观的精神”C“心理学·表象”。

黑格尔构成“东洋”概念的逻辑之中。不过，我讲黑格尔“东洋”概念的紧箍咒，并不是要从事实上追溯近代日本诸话语中黑格尔哲学的痕迹，以叙述其影响的思想史。只要黑格尔历史哲学的“东洋”叙事，是欧洲近代发展过程中欧洲人直面异质性东洋所得认识和体验的理念化、综合性历史哲学的表述，那么，它便以理念的综合性代表着站在近代欧洲文明立场观察东洋的理念。我所讲的黑格尔“东洋”概念，正是这个意义上的概念。我认为，在验证近代日本不断构筑起来的东洋观时，黑格尔的“东洋”概念乃是根本的参照系。

以上，我首先观察了面对来自西洋的对异质性东洋的诘问，新渡户稻造在重构日本道德传统同时所做回答的《武士道》，其中的前提乃是针对黑格尔的东洋社会专制性格规定而做出抗争与辩明的二重姿态。在较早发现那个来自西洋以“东洋的专制”命名的对东洋社会性质的规定而提出抗辩的同时，新渡户对东洋或日本独自性进行了重构。这大概与近代日本亚洲主义谱系中对于东洋社会独自性的发现相关联。进而，我讨论了福泽谕吉《脱亚论》所显示的文明论式构造的问题。这个文明论的构造，欲以文明国对非文明国乃至半文明国两极对立的世界关系结构，来规定日本与其他亚洲各国，特别是与中国、朝鲜的关系。在这种关系结构中，中国被规定为停滞于文明的边境之外、被近代化抛到后面的古老大国。福泽的文明论以及竹越文明史式的关于日本与亚洲关系的图式，乃是作为近代文明的亚洲嫡系之日本所设计的，黑格尔“东洋”概念逻辑中的一个图式，同时也是在最早实现了近代化的日本所形成的东方主义图式。它不仅规定了近代日本学术史上的东洋学视野，同时也规定了由黑格尔经马克思再到日本马克思主义者观察东洋社会的社会科学视野。早在福泽《脱亚论》中已然显示的日本世界战略，即面对欧洲世界霸权而以日本为盟主重构亚洲这一世界战略，在1930年代到40年代的日本又以“东亚协同体”和“东亚共荣圈”论的形式得到了展开。

以《黑格尔“东洋”概念的紧箍咒》为绪论，我将简要地透视20世纪前期有关日本之东洋观的诸种问题。

第三章
昭和日本与“东亚”概念

帝国所希求者，在于确保东亚永久和平而建设新秩序。此次征战之终极目的亦在此也。

——近卫文麿《东亚新秩序声明》

一 前言

这一章《昭和日本与“东亚”概念》，是去年秋天（2000年11月23、24日）我在首尔成均馆大学纪念该校开设东亚学术院而召开的“East Asia学国际学术会议”上所作特别讲演的基础上修改而成的。通过畏友沟口雄三邀请而参加这次会议的时候，我有过困惑犹豫。成均馆乃是韩国学术机构中正统地继承朝鲜儒学的大学，我曾经怀疑，在这所大学里重新提倡的东亚学不会是东亚儒教文化论的死灰复燃吗？于此，我直率地向了解韩国思想状况的尹健次先生[①]讲了我的疑虑，希望帮忙出出主意。尹先生马上问询了首尔方面，并提供重要的参考意见。他告诉我，现在韩

① 尹健次在其著作《现代韩国的思想》（岩波书店，2000年）中详细报告了经过所谓“凝缩的近代”后韩国的思想状况。该书直接揭示了我们没有看到或者不愿看到的韩国现代复杂多变的思想、话语。

国在政治上、思想上出现了大的变动，关于“East Asia”问题有新旧各种不同的议论，在这种动向中我的出席反而是有益的。于是，我遵从他的建议开始积极考虑出席这次“East Asia 学国际学术会议”。

可是，在日本“东亚”概念的受害国韩国，从日本的角度来讲“East Asia”问题，我能直率地提出什么来呢？即使将“东亚”改称为“亚细亚”，我们也不能免除自己的责任。“东亚”是一个经历了半个多世纪岁月依然无法抹去帝国日本印记的概念。那么，我必须做的应当是：首先在昭和历史、在日本人的话语体验中阐明与帝国日本一起出现的这个地缘政治学概念，搞清楚帝国日本使“东亚”概念负载了什么东西。关于“East Asia”，我们只能经过这样的阐明才可以有所言说。因此，代替国际会议东道主要求的“日本东亚研究的现状”这一讲演题目，我准备了此份以“昭和日本与‘东亚’概念”为题的讲演稿。

从对日本“东亚”概念的批判性考察来获得新的“East Asia”概念的依据，我的这一讲演并没有成为与首尔国际会议相游离的东西。参加这个国际会议，我才了解到该会议的名称，既不是什么“东亚学”，也不是“东洋学”，而是用韩国语标示的“East Asia 学”。这个韩国语标记“East Asia 学”本身展示了韩国欲从“东亚学”中挣脱的新动向。谈到“东亚学术院”的开设方针，该学院院长金时邺教授说，将摆脱“从一国框架出发来对东亚的历史文化做综合把握”，强调要促进跨学科乃至国际性的东亚研究[①]。我当初所

---

① 据会议开幕式上金院长所作的报告《东亚学术院的开设及其目标》（收入《东亚学国际学术会议报告集》）。

抱的怀疑成了杞忧，而韩国学术界确实出现了明显的动向。当然，在这次会议上，依然不断出现试图将“东亚”置于儒教文化之上加以重构的韩国传统派的发言，并奇妙地呼应着来自中国的学者们中华主义或儒教文化中心主义的发言。不过，这些发言明显地暴露了落后于时代的那代人的危机感。正像设置在成均馆里的韩国儒道联盟本部悬挂的横幅标语所显示的危机感一样：“反对家族法改正案，死守民族道德。”

首尔大学社会学教授朴明圭先生于会议第一天，作了《韩国东亚话语的知识社会学理解》的精彩报告。他这样讲到 1990 年代“东亚论”的兴起：“值得特别指出的是，90 年代东亚论的兴起在韩国知识史上形成了对亚洲的反思。这是韩国现代史上对长期忘却了的时空之知识关心的恢复，同时还意味着眺望自己和世界的视角有了变化。超越国家这个层面，思考地域之间的实际状况，具有了何为东亚的问题意识，这些都是 90 年代的新变化。在这个方面，韩国的东亚话语重新解读过去的传统，同时也包含了面向未来的新构想。”[①] 这个发言，使我进一步确认了来首尔参加讨论会的意义。关于“东亚”问题，韩国确实有了新的动向。

根据我在首尔的讲演和建言所写成的这章《昭和日本与“东亚”概念》，内容上应该放在我于杂志上连载的《关于东洋》的最后一部分更合适。本文的提前写作和发表，原因在于围绕亚洲问题的现实发展，超出了我立足反省 20 世纪基础上的写作速度。对我

① 朴明圭《韩国东亚话语的知识社会学理解》（收入《东亚学国际学术会议报告集》）。

来说，它是作为一个题目过早地在首尔讲了，但为我有关“东洋”的系列写作提供了一个对问题予以总体展望的机会。

二 “东亚”一语

在此，我的论题采用“东亚”一语而不用“East Asia”一词，目的在于不要失去其所负载的历史意义。最近在日本出版了一本令人感到有历史错误的名为《东亚的构想》的奇怪的书，编者特意解释说，并没有要肯定书名中“东亚”一语所曾经承载的历史性意识形态的意思，它“单是在包含东北亚和东南亚两方面而作为意指东亚的地理概念来使用的”。这位编者还指出，“东亚”一语离开它曾经承载的历史意义而作为可以与“East Asia”互换的词语来使用[①]。说到两者成了可以互换的语词，正如编者所言，“东亚”一词便要暂时离开曾经负载的历史意义，而变成单纯的地理性、地域性概念了。然而，“东亚”和“East Asia”一起成了地理性概念，这本身让我感到正集中反映了日本有关亚洲问题的暧昧性，以及针对历史上的亚洲问题日本人所显示的暧昧性。难道真的可以把“东亚”简单地改为可与“East Asia”互换的地理概念吗？

具有强烈象征意义的汉字书写，如果改变了它的表记样式，便会轻易把过去的书写方式所负载的历史意义抹杀。正如“支那”在

① 大沼保昭编《东亚的构想——21世纪东亚的规范秩序》（筑摩书房，2000年）序言注释。不过，考虑到本书所收文章的作者们的名誉，我要指出，在各篇论文中执笔者们使用的是“East Asia”，而不是“东亚”。

战后改写为“中国”，使日本人错以为其中国观也改变了一样。“支那”、“支那人”和“支那学”等表记，实际上曾经刻有日本对中国认识的深刻印记。我并不认为可以这样简单地将其改写为“中国”、“中国人”和“中国学”，而使这些词语负载的历史意义被抹杀。关于“东亚”也是一样。“东亚”是与直到1945年为止的帝国日本的历史过程深深结合在一起的一个概念。不仅“东亚”，“亚细亚”和“东洋”亦如此。这些词语使20世纪前半期的日本人确立了观察亚洲或者东亚的视野，并给自己的对外行动提供了动机。“东亚”和其他如“东洋”等都同时是历史的政治性概念，而绝非单纯的地理概念。

我在这里要质疑的，是与“东亚”概念同时建立起来的日本人的亚洲观。通过这样的质疑，我要追问：由“东亚”转向“East Asia”，即以1945年为界的这种转换，是什么意义上的日本人亚洲观的转变，什么改变了，什么没有改变？人们对亚洲的什么视而不见，又希望重新看到亚洲的哪个方面？通过追究这些问题，我期待找到处在世界历史转折点上的当今日本对东亚应该采取什么样的立场，以及这种立场怎样才能成为可能。

不过，鉴于这个发言的场所在首尔，我需要说明的是，围绕“东亚”一语我的问题构成归根结底主要涉及日本人对这一词语的历史体验。我认为，对日本人来说，论述亚洲问题是无法离开20世纪日本的历史体验的，也不应该离开这种体验来论述。而我的这个报告要解决的课题，便是怎样站在历史地反省日本的“东亚”概念的立场，并和这次会议有关东亚研究的议论联系起来。

三　文化史上的“东亚”

“东亚”概念在1930年以后帝国日本的历史中负载了强烈的政治性意义，并且其内含的意义不断膨胀。不过，我们先来看看，在此之前或者与此并行存在的、作为文化史或文明论概念的“东亚”。确实，文明论上的“东洋”概念是由冈仓天心确立的①，但即使这个文明论上的“东洋”概念，亦和作为亚洲新的中心而不断自我完成的帝国日本政治上的自我表象不可分割地联系在一起。文化史上的“东亚”概念，亦是在帝国日本面对东亚的视野中成立的。在这个意义上，文化史上的“东亚”和政治上的“东亚”互为表里。不过，我这里想仅从方法论上对文化史的“东亚”概念加以抽象化，通过其确立过程来检讨一下这个概念的特质。

以东亚美术史、东亚文明史、东亚佛教史，或者东亚考古学等名称，在昭和日本的学术界，人们展开了有关东亚地域的文化史叙述。京都帝国大学总长（校长）、考古学家滨田耕作（青陵）有一本名为《东亚文明的黎明》②的概述东亚考古学的著作。该书序言中，滨田这样说明自己对“东亚文明史”的关心：

---

① 以明确提出“亚洲是整体的”而著名的冈仓天心《东洋的理想》（英文原版名为 *The Ideas of East with Special Reference to the Art of Japan*, London, 1903），最早确立起包括印度、中国的文明论概念“东洋”。但我并非说“东洋”和“东亚”是与帝国日本无缘的情况下建立起来的文明论、文化史概念。这种区域概念本质上是与帝国日本的视野分不开的地缘政治概念。

② 滨田耕作《东亚文明的黎明——从考古学上观之》（创元社，1939年）。该书内容由作者于1928年11月在京都帝国大学的三次特别讲演构成。

以支那为中心，它和与其东方相接的朝鲜半岛和日本群岛，因天然的地形古来形成了一个亲密的文化团体，这于今日乃自不待言的事实。而此东亚文明是如何兴起的，其文化波及该团体的各个部分又经由怎样的路径，还有其年代是怎样的，等等，都是我们特别感兴趣的问题。

我将主要从考古学方面，以支那为中心，并就朝鲜、日本，也即东亚文明的起源……略述其大概。

在这本文化史或者文明论的著述中，对“东亚”清晰地做出了地域性的划分。就是说，这是一个包括作为该文明起源的中国，以及与中国构成同一文明圈的朝鲜及日本的地区，是一个可以称之为“中华文明圈”的地域。但是，滨田耕作称其为“东亚文明”，却绝不肯叫它为“支那文明”或者“中华文明”。故所谓“东亚文明”是以包括中国为中心的文明圈之地域，从中国以外的国家、地域，通过观照中国文明之新的学术性视野的建立而形成的概念。新的学术视野，即通过近代的历史学、考古学，以及宗教史、艺术史等形成的视野。因此，20世纪的早些时候，已经具备这些学术视野的近代日本，首先构筑的是文明论、文化史上的“东亚”概念。谈论“东亚考古学”的滨田，正是在京都帝国大学最初奠定了近代考古学基础的人物。

这个文明论或者文化史的“东亚”概念向我们暗示了一些重要的问题。首先，“东亚文明”是代替“中国文明”的一个概念。的确，这是个构成脱亚的近代日本之所谓“日本式东方主义”的概念。但“东亚”又是使向着中华主义文明中心移动的一元矢量发生变化而出现的地域性文化概念。因此，作为新的文化概念的“东亚”，预设了地域内部的多元文化的发展。这在下列事项中同样可以看到：如“东亚佛教史”这一称呼，使得对覆盖从印度南海诸岛到印度支那，再由西藏地区、西域经由中原、蒙古、“满洲”地区而传到朝鲜、日本这样一个跨越广大地域的各时代不同的佛教发展过程，得到多元的追踪考察。[①] 我想在这种包含多元发展的文化性“东亚”概念的关联之中，来思考于首尔围绕“East Asia学”而展开的讨论，还有在台北以“东亚儒学”为主题的学术研讨会上的议论。[②] 关于文化的地域性概念，我会在文章末尾再次提到。

然而，这个作为文化概念的“东亚”，终归是从帝国日本的学术视野产生的东西，因此，不久便不能不为帝国日本所建构的政治性概念“东亚”或者“大东亚”所吞没。

四　“东亚协同体”理念

被称为“大东亚战争”的战事爆发以后，怎样构成了“东亚”和“大东亚”，乃至“东洋”和“大亚洲”概念的呢？我们通过平野义太郎的一段话来观察一下。平野是呼应昭和战前、战时、战后

---

① 金山正好《东亚佛教史》（理想社，1942年）中设有不同的时期。如第5期中分为“印度佛教的衰退和南海佛教的兴盛”“喇嘛教的发达”“五代宋朝的诸宗派”“五代宋朝的佛典”“五代宋朝的教团”“辽金两朝的佛教”“高丽、西夏及其他佛教”各章。

② 以台湾大学黄俊杰教授为中心的有关“近世东亚儒学”的宏大研究计划得到了推进。在这个包括中国、朝鲜、日本儒学的“东亚儒学”取向中，包含将“中国儒学”这个文化一元化儒学理解相对化的视角。我对之抱有强烈的关注。

的状况构筑学术性论说的日本社会科学学者。

> 拥有日“满”华的东亚及南洋的大东亚，进而包括印度在内的东洋各民族集结团结起来，共同驱逐美英对东洋的侵略而构筑大亚洲的一体基础，其轨道为何呢？日本体现了三千年东洋文化精髓，且于支那印度大陆文明和太平洋（包括其附属海洋的印度洋之“南洋”）的海洋文明之中心点上立其国，到近代则摄取了西洋文化和科学而不断融合东西两洋的文化，至今形成了东洋的中心势力，因此极有资格展望东洋文化之近代浑然一体的未来，并铺设其发展的轨道。[1]

这里清楚地揭示了日本的战争发动，是怎样在帝国主义战略视野扩大的同时，也构筑了其地域概念的。它还显示了这个战略性亚洲概念的构成方式：通过对冈仓天心的文明论“东洋”概念以及东洋文明史上日本的地位之确定，进行政治性的重新解读而构成。如这段话明确显示的那样，政治性的地域概念“东亚”和“大东亚”，是随着1937年日中战争的全面爆发和在中国大陆内部战线的扩大，进而1941年太平洋战争爆发和战线向南方地区的扩大，而逐渐构成的概念。认为日本近代史过程中发展起来的各种亚洲主义话语，带来了这个政治性的“东亚”概念，是不

① 平野义太郎《大亚洲主义的历史基础》（河出书房，1945年）。平野以研究中国社会经济史之马克思主义系统的社会科学工作者起步，战争期间发表了确立亚洲主义基础的论说，战后则为活跃的日共和平活动家和理论家。

正确的！[1] 不如说事情恰恰相反。是日本对中国乃至亚洲的战争发动，引发既成的诸种意识形态论会聚在一起而铸成了新的“东亚”和“大东亚”概念。这个新的“东亚”又是作为“东亚新秩序”的理念，进而作为“东亚协同体”的构想而展开来的概念。

“我们应该这样认为：战争使以往既有变化的方向变得更加明确，并发挥了决定性的作用。与其说是战争，不如说是战争的进展使事态变得更加清楚，因此，可以说伴随历史的行进产生了清晰明了的认识。”[2] 这是一位社会学学者所著《东亚协同体的理念》一书中的一节。它清楚地表明：“东亚协同体”论的话语正是对战争状况的事后追认，即追随事件之后而做出的理论化概括。日中战争这一不曾预料的在大陆军事事态的进展，要求日本的学者、知识分子们急速对事态从理论上做出正当性论证。有关“东亚协同体”的著述汗牛充栋，几乎全都是追随国家意识的暧昧行使，即国家意识之所谓军事上的越轨行径——日中战争的事态进展而发出的话语。正如对于中国现状有着卓越认识和分析的尾崎秀实所指出的那样：“当前形势下作为‘新秩序’实现手段而出现的‘东亚协同体’论，正是日中事变行进过程中诞生

① 有关政治性概念“东亚”的成立，其谱系学式的研究忽视了国家对外视野的重构中战争所带来的决定性意义。是战争促成了地缘政治这个政治性的学术视角。“东亚区域政治学”和“大东亚区域政治学”都是试图追随战争而建立起来的。京都帝国大学教授小牧实繁在《东亚地政学序说》序言中写道：“以地理学资助政治的实学乃东洋古来的传统。如今我们不应该只依靠德国地政学的翻译介绍，而应该站在固有的学统上努力创造新的地政学。”此乃于“大东亚战争”爆发前夜的1941年5月所作。还有，同样是小牧实繁编辑的《大东亚地政学新论》一书，1943年由星野书店出版。

② 新明正道《东亚协同体的理想》（日本青年外交协会，1939年）。

的历史性产物。”[1]

尾崎秀实这里所说的“新秩序”出自1938年11月占领武汉后近卫首相所作的声明，即“帝国所冀求者，在于确保东亚永久和平而建设新秩序，此次征战之终极目的亦在此也”的所谓“东亚新秩序”声明。当时蒋介石曾迅速作出声明，指出“东亚新秩序建设乃吞并中国之别名”[2]，而近卫所发声明本身也有对事变做事后追认以使之正当化的性质。接下来，遵从这个声明，在日本迅速打出了“世界新秩序”“东亚协同体”等理念。这个“新秩序”是针对欧美发达帝国主义支配世界的“世界旧秩序”而言的，它要求对“旧秩序”实行重建。针对“世界旧秩序”，它要求“东亚”协同体世界承担新的世界史使命，并试图建立“新秩序”。“东亚协同体”论便是如此这般被构建的。

因此，构成“东亚协同体”论之核心的“新秩序”主张，来自把日本帝国主义在东亚确立霸权的意图和行动，解读成针对英美而“日支‘满’”共同建设“东亚新秩序”的“圣战”。在建设“东亚新秩序”的主张中，塞进了作为亚洲先进国但又是帝国主义后进国的日本，在理念上代表落后的亚洲诸民族的自立，即以所谓假扮的代表者资格来重构世界既成秩序的要求。这种于中国大陆推行的日本帝国主义战争本身所要求的重新解读工作，即在

---

① 尾崎秀实《“东亚协同体”的理念与其客观基础》(收入《现代支那论》，劲草书房，1964年)。尾崎该文单篇发表于《中央公论》1939年1月号。1944年因佐尔格事件受牵连而被处刑的尾崎曾在此文中指出：“真实的东亚协同体若没有支那民族的承认和积极参与是不可能成立的。”

② 1939年4月，重庆的蒋介石于中外记者招待会上的发言。引自尾崎秀实《现代支那论》。

将“东亚新秩序”观念化、理论化的工作里，亚洲主义论客们不必说了，包括西田哲学系统的历史哲学学者，还有学院派历史学家、政治学家，以日本浪漫派为中心的文学家，马克思主义学派的中国、亚洲社会科学分析家们，即众多昭和初期的日本学者、知识分子都纷纷被动员起来，甚至主动参与其中。“东亚协同体”论的确是日本在中国及亚洲实施的帝国主义战争的理论产物。但是，同时也是现代日本众多的学者知识分子从一开始便参与的有关亚洲问题理论构建的历史体验。因此，对于要从日本出发思考亚洲问题的我们来说，为了不容许这种“东亚协同体”理论的再现，“东亚”也是要提出来加以检讨的无法避开的重要课题。当然，这个课题，终归是作为“负面”遗产的昭和知识分子之理论上的亚洲体验。①

这里，我只想引用以显而易见的露骨形式表现了“东亚协同体”论之构成逻辑与问题的下面一节，在这段引文中，我们有必要看清楚：帝国日本的霸权逻辑是怎样被解读成面向“世界新秩序”的“圣战”逻辑的。

> 以“南方”为东洋的重工业基地，支那为轻工业基地，日本为高端产业基地的东亚协同体建设，其可能性随着事变的进展而由事变本身所具有之历史必然性而被描绘。“资源贫乏”的日本之苦恼，作为民族国家试图通过民族

① “东亚协同体”论是一个包括多种需要进一步讨论的问题的课题。如作为“近代的超克”的对近代欧洲的批判和对世界史的重构，作为世界多元重组的“广域圈”概念构成，以及有关东洋历史学、社会学分析等。

> 工业而实现社会统一和现代国家发展的支那之焦虑，将通过这日中协同之纽带的建设而得到解决。而且，日中间协同之纽带的建设还将取代旧世界之资本主义及共产主义秩序，而于东洋建立起新的民族国家之间的国际秩序。[①]

五 从“东亚”走向“大东亚”

“大东亚战争”的开始使“东亚”概念扩大为“大东亚”。这个地域概念的扩大，乃是伴随着日本帝国主义战略视野向南太平洋地域扩大而出现的。它立刻要求学者来做事后正当化的理论性处理。例如，积极回应这种要求的知识分子代表——东洋史学家矢野仁一，是这样划定“大东亚史”范围的：

> 不用说，大东亚史的范围应该就是大东亚共荣圈的范围。这包括以下内容：以日本为主；至今我们作为东洋史对象来处理的以支那为中心的周边诸国家民族，即认为属于支那政治文化史范围的诸国家民族；还有受印度阿拉伯等商业宗教文化影响，属于支那政治文化圈外的南方圈诸国家民族。[②]

① 杉原正巳《东亚协同体的原理》（现代日本社，1939 年）。

② 矢野仁一《大东亚史的构想》（黑目书店，1944 年）。所谓“大东亚史的构想”据说是文部省主办的文化讲座的讲义，乃“由当局指定的题目”。该书副题为“东亚史圈的轮廓及其民族、文化诸问题”。作为京都帝国大学教授的矢野仁一是战争期间表态、执笔最为积极的支那学系统的御用学者。

但是，“大东亚史怎样才能成为可能？”，带着这个课题而试图划定其轮廓的矢野仁一事先早就决定了要以“大东亚共荣圈”来确定“大东亚史”的范围。他提出“大东亚史怎样才能成为可能”的课题作为历史学家的工作，已不打自招地承认此乃为政治做事后理论化处理的工作。“大东亚史”是“东亚史”概念的扩大。对于这个扩大，支那学学者矢野解释说，这是与属于“支那政治文化史圈”诸国家民族一起，也将以往属于支那文化史圈之外的“南方圈诸国家民族”包括进来的历史地理轮廓的扩大。这“南方圈”乃是“被西洋帝国主义压迫，于其桎梏下有意识或无意识地苦恼”呻吟着的诸国家民族所属地域。

矢野仁一以历史地理学的话语构筑的“大东亚”概念显示，此乃包括“南方圈”这一新地域的“东亚”之扩大。所谓“南方圈”是以发达帝国主义国家的英、美、荷兰等为殖民地宗主国的太平洋南方诸地域。可以说日本帝国主义向该地域战略视野的扩大，对日本的霸权主义来说也是初次的政治性体验。“南方圈”为帝国日本的对外认识增加了新的要素。“东亚”将“南方圈”包括进来，成了“大东亚”。由此，“大东亚”便在西洋/东亚、殖民主义/民族主义，乃至从属/自立的系列概念构架中逐步被理念化了。日本作为东亚诸民族的假扮代表，这回将在世界史的规模上再现“东亚协同体”的理念化目标，并要求世界旧秩序的重组。

这样，“南方”与帝国日本战略上的关心一起，成了认识上强烈关注的对象地域而登场。[①]我要再次强调，“南方”与“日支‘满’”即被视为与日本一体化的内部之东北亚不同，对日本来说，这即是所谓亚洲之内的作为外部的南方亚洲。帝国日本对这个“南方”的战略以及认识上关注的扩大，给日本带来了包括此“南方”在内的新亚洲概念。正是这个以新“南方”为轴心移动的亚洲概念，在“大东亚”称呼消灭后，依然作为指称“亚洲”或其重要构成地域“东南亚”的概念而在战后日本被保留下来了。

“大东亚共荣圈”理念与通过太平洋战争而向“南方”扩大的日本战略上、认识上关注重心的扩大，一起构成了“东亚协同体”的再理念化。这个理念使“东亚新秩序”建设的理念适用于重新被扩大的“大东亚”范围，但是如已经暗示的那样，向“南方”的扩大使包含于“东亚新秩序”内的那个假扮逻辑更加鲜明可见了。就是说，从英美等殖民统治下实现亚洲诸民族的解放与独立，进而要求各民族之间的互利互惠合作关系的树立，在理念上得到了反映，并使其作为“共荣圈”的理想而得以显明。1943年（昭和十八年）11月，在战争局势已呈现败象的时候于东京召开的“大东亚会议”，[②]其《大东亚共同声明》这样讲道：“世界各国各得其所，相互依存、相互协助共求万邦共荣之乐，此乃确

---

① 向日本的亚洲之外部“南方”的视野扩展，不仅带来了新的“亚洲概念”，还给日本带来了各种认识上的课题，是一个超越了被视为帝国内部的“满洲”、朝鲜，以及台湾地区的新统治圈问题。“国语”教育之外，还要求“日语”的教育等，产生了一些影响战后日本外交认识的问题。关于日语问题，请参见我的《“国际语、日语”批判》（收入《什么是多语言主义》，藤原书店，1997年）。

② “大东亚会议”1943年11月5、6日在东京召开，有日本、“满洲”、泰国、菲律宾、缅甸和当时中国的汪伪政权代表参加。

立世界和平的根本要素。然而英美为本国繁荣之故压抑其他民族国家，又特别对大东亚实行无所不为的侵略榨取，暴露了奴化大东亚的野心，并最终试图从根本上颠覆大东亚安定。大东亚战争之原因正在于此。大东亚各国应相互提携以完成大东亚战争，于英美桎梏下获得解放，确保其自存自卫。基于以上纲领建设大东亚，期望以此贡献于世界和平的确立。”并且提出五条纲领，其最后一条为：“大东亚各国坚守于万邦之友谊，废除人种歧视，广施文化交流，进而开放资源以贡献于世界之进步。”[①]

对日本而言，这次包括亚洲内之“南方”的“大东亚会议”，虽说是在战争已难以推进下去的日本所召集的战争合作会议，但会议还是不得不宣称“自主独立”、“废除人种歧视”等。这个宣言，可谓从亚洲发出的日本对英美战争的一个讽刺。

然而，“大东亚共荣圈”这个假扮的理念无法掩盖帝国主义战争的现实[②]。而建立在亚洲诸民族假扮代表的逻辑之上的帝国日本，其“大东亚战争”只不过是一场使亚洲各地区各民族对于日本丧失信赖的战争。

六 置“东亚”一语于死地，便产生了“East Asia”吗？

1945年的战败，使帝国日本树立起来的“东亚新秩序”理念，

---

① 大日本言论报国会编《大东亚共同宣言》（同盟通讯社出版部，1944年）。该书除《共同宣言》外，还收录了斋藤忠、作田庄一、白鸟敏夫等赞扬国策的文章。

② 关于“大东亚战争”给东南亚带来的伤痕，请参见后藤乾一《近代日本和东南亚》（岩波书店，1995年）。

即“大东亚共荣圈”理想彻底瓦解。帝国日本的政治性概念“东亚”归于灭亡。那么，随着这个概念的灭亡，新的“East Asia”概念能否在日本诞生？

日本在战后历程中，与其说自己抑制了面向亚洲特别是东亚的视野，不如说面对亚洲问题其国家层面的思考判断能力已然丧失。在东亚战后迅速展开的“冷战”结构，容忍了日本这种丧失判断能力的状态。针对东亚，日本在国家层面的视野只是一种追随美国战略的视野而已。1956年获准加入联合国而重归国际秩序后的日本也只能一点点地修复个别的两国间的国家关系，除此以外根本没有想去完成与亚洲诸国之间的关系重建。尤其是针对在近代史上留下巨大伤痕的东亚特别是中国、韩国之间的关系修复，情况更是如此。于国家意识上，日本根本就没有想要向亚洲各国表明对过去的清算和建立新关系的意识。正如至今在东亚各国间，仍不断出现历史问题所显示的那样。“East Asia”是战后日本没有再积极去重构建设性关系的亚洲地域。可以说，所谓“East Asia”乃是一个没能重新构筑便丧失了的地域概念。相比之下，把“东南亚（南方）”当作重要地区而确立的“亚洲”概念，与日本经济复兴及于世界中再次强国化一起得到了复活，带来了区域研究上的热闹景象[①]。

然而，始于1980年代末的“冷战”结构的崩溃，造成了世界秩序的重组，产生了由新一轮世界秩序区域化倾向导致的重组

① 以亚洲经济研究所为中心的东南亚社会经济研究，具有国家决策背景而形成了相当的积累。近来，以京都大学东南亚研究所为中心提倡“东南亚学”，还出版了共10卷的《讲座东南亚学》（弘文堂）。

动向。在这种情况下，日本围绕自身的定位问题，似乎渐渐开始将“亚洲”作为重要的问题领域，试图加以重构[①]。但是，我认为这个世纪之交渐渐出现的世纪秩序的重组动向，并非通过国家间关系重组就能宣告了事。正是构成20世纪国际体系的国家间关系的动摇，才产生了当今世界重组的动向。同时又让人感到，这种国际秩序的动摇，一方面唤起了亚洲各地的民族主义，另一方面又带来了以本国为中心的新国家关系之区域化来重构“亚洲”“东亚”的倾向。当代日本民族主义的复活和“亚洲”的再主题化，大概就是这种动向的反映。但是，在历史中已经看到“东亚”灭亡的人，是不能允许以模糊其灭亡的方式来重构“East Asia”这个地域概念的。

---

① 进入1990年代，“亚洲”成了日本话语上的重要主题。就我所知，有关当代亚洲论及日本与亚洲关系史方面的著作，举其大要便有：岩波书店编辑部编《新世界秩序与亚洲》（岩波书店，1991年），沟口雄三、滨下武志编《在亚洲思考》（东大出版会，1993—1994年），山田辰雄、渡边利夫监修《讲座现代亚洲》共4卷（东大出版会，1995年），后藤乾一《近代日本与东南亚》（岩波书店，1995年），荻原宜之、后藤乾一编《东南亚史中的近代日本》（すずみ书店，1995年），古屋哲夫编《近代日本的亚洲认识》（绿阴书房，1996年），斋藤次郎、石井米雄编《有关亚洲的知识冒险》（读卖新闻社，1996年），功刀达郎监修《历史的共有——亚洲与日本》（明石书店，1997年），青木保、佐伯启思编《什么是“亚洲价值”》（TBSブリタニカ，1998年），冈本幸治编《近代日本的亚洲观》（ミネルウア书房，1998年），日本政治学会编《日本外交中的亚洲》（岩波书店，1998年），小林英夫等编《帝国这个幻想——“大东亚共荣圈”的思想与现实》（青木书店，1998年），青木保《亚洲悖论》（中央公论社，1999年），石井米雄编《亚洲的同一性》（山川出版社，2000年），还有前面提到的大沼保昭编《东亚的构想》（筑摩书房，2000年）等。

现在的问题是，我们如何在确认了帝国日本的政治性区域概念“东亚”之死后，再于我们手中催生“East Asia”概念。在此，我想重提刚才已做暗示的那个文化概念“东亚”。所谓文化概念“东亚”，是一个将中华主义文明一元化指向相对化而构成的区域概念。它立足于以中国为文明起源的广泛区域共通性之上，同时又是试图继承区域内多元文化发展的文化地域概念。不过再一想来，不仅文化地域概念，即便是一般的政治性广域概念，其以此概念为原则和前提而构成区域概念的成员们，即使只是在理念上，也不得不某种程度上保存一些本民族、本国中心主义的成分[①]。在构筑区域概念“East Asia”时，这将给我们暗示一条路径。

这是一条将“East Asia”区域概念放到使该地域生活者的多层次交流成为可能的关系架构中的路径。也是一条把“East Asia”当作立足广义的文化共通性基础的区域概念，通过这个概念的广域性不断把本国本民族中心主义相对化，又将此概念放到经济及文化的多样化生活领域，进而在空间上亦是多层次相互交流的关系架构中的路径。同时还是一条不将“East Asia”作为国家关系

---

① 土佐昌树讲过一段很有启发的话：“通常因为各种各样的制约，在这种构架中本民族中心主义暴露并发生作用的情况，是能够受到注意而回避的。例如，即使在战前的日本，由于实际上在自己的领土版图中有异民族存在，故作为原则注意多民族共存的考虑还是发挥了作用的。或者即便伊朗的‘反世俗主义’主张，也因对超越伊斯兰这一国家构架的考虑，其单独赞扬本国民族的独善其身倾向得到了控制。在此意义上，‘亚洲’可以说是本民族中心主义倾向与世界潮流融合而做出必要的妥协，在多元社会现实政治复杂的相互作用中创生的话语。”（见《韩国反亚洲的参照系》，收入《何谓“亚洲价值”》）

而实体化，而是作为使生活者相互交流成为可能的关系架构，即让它成为方法上的区域概念的路径。恐怕这才是从被帝国日本霸权主义污染了的“东亚”走出来，于我们手中建起新的“东亚”概念的路径。

第四章
什么是问题所在——关于广松涉“东亚新体制”的言论

认为“近代的超克”论应该从右翼方面重新搭救出来的广松涉，正如其所著《“近代的超克”论》那样，真心相信可以将大东亚共荣圈的设想从右翼方面夺回到左翼这边来，这真是与壮士广松涉相称的态度。

——今村仁司《广松涉著作集》第14卷解说

一　是标题的问题吗？

1994年3月16日，《朝日新闻》发表了广松涉名为《以东北亚为历史的主角——以日中两国为基轴的‘东亚’新体制》的文章，并在这个大标题下拟定了一个次级标题“欧美中心世界观的崩溃”。正如《广松涉著作集》解说者所言，这篇报刊文章发表后招来了“轰动、误解、反驳甚至迷惑不解”[①]。我看到这篇文章的时候也感到带着迷惑的诧异，这不应该是从广松涉口中说出的话呀。的确，之所以引起这样的反应大概首先来自上述的新闻标题。如果是作者原稿的“思索世纪末的状况——以东北亚为主角”这个题目，也许不会引发如此的轰动性反应。而收录了这篇文章的《广松涉著

① 《广松涉著作集》第14卷，小林昌人解说，东京：岩波书店，1997年。

作集》解说者大概也是这样想的，故围绕上述次级标题做了针对“事实问题”的解说。

首先，是关于文章标题“欧美中心世界观的崩溃”。的确，原文中没有这样直截了当的文句。然而，正如广松涉自己所言，以这样的文字来概括他的文章意思也没有什么不可以的。例如，对于新世界观的期待和诉求，他在文中是这样写的：“人们在谋求新的世界观和价值观。这种动向，在欧美特别是欧洲的知识分子那里已经有了准备，但归根结底他们难以摆脱欧洲的局限。混乱恐怕还要持续一段时间，而新的世界观和价值观最终将诞生于亚洲，并席卷世界。”[①] 就是说，广松涉以预言家的口吻讲到新世界观将出现于亚洲并必将席卷世界，甚至表示“作为日本的哲学人，我可以断言”。然而广松涉强调，为了实现世界观和价值观的变革需要社会体制的改变，这种改变的推动力量一直持续到今天。当考虑到这一点的时候，他的思考及于“此五百年持续不断的欧洲中心之产业资本主义，应该得到根本上的重估和反思”，认为“在不久的将来东北亚不得不成为承担使命的主角”。根据以上论文含义，《朝日新闻》的记者在大标题“东北亚成为历史的主角”之下拟定了“欧美中心世界观的崩溃”这一小标题。

但是，《广松涉著作集》的解说者对这个记者拟定的标题提出了质疑。他强调，“原本并没有什么价值观世界观的存在或者崩溃的，也没有世界观价值观对历史的推动”。并继续说，深入这个标题背景中的批判“不应该将时代的转换和世界观的转折放在同一个

① 据《广松涉著作集》所收报纸刊载文章《东北亚为历史的主角——以日中两国为基轴的“东亚”新体制》。

层面来议论”。解说者似乎在担心广松涉聚焦世纪末的现在持续着的历史转折这一立场被误解为只是强调世界观之推移的视角，因而有了上述这样的说明。大概解说者是不堪忍受此种事态的出现吧，即这个次级标题“欧美中心世界观的崩溃”与副标题“以日中两国为基轴的‘东亚’新体制”，会使读者唤起或者可能唤起的历史表象。因为，以上两个标题有可能被理解为由欧美中心世界观的崩溃到走向东亚新体制世界观的确立，这可能会给读者这样的印象——仿佛广松涉是在世纪末的日本要重新恢复1940年代帝国日本的历史表象似的。

二　帝国日本的世界史表象

解说者在改稿的过程中，发现了给读者以错误之历史表象的两个标题的由来。第一稿中是这样说的：“‘以日中两国为基轴的‘东亚’新体制！’以及以此为前提基础的‘世界新秩序！’，这曾经是维护日本帝国主义的右翼思想家所倡导的口号，如今包括对日本资本主义之根本改造的内涵，我想终于迎来了可以使其变成左翼之口号的绝好时期。”而第一稿的这一段，发表时则变成了这样的文本：

> 东亚共荣圈的思想曾经是右翼的专利。它不求对日本帝国主义的改造，而只是强调与欧美的对立。然而，今天历史舞台发生了巨大的回转。
>
> “以日中两国为基轴的‘东亚’新体制！”以及以此为前提基础的“世界新秩序！”这是如今包括对日本资本主

义之根本改造的内涵，我们迎来了可以使其变成反体系左翼阵营之口号的绝好时期。

解说者强调，在这个发表的文本中，“东亚共荣圈的思想”和“以日中两国为基轴的‘东亚’新秩序”的主张成了可以互换的句子，由此被理解为在主张属于右翼专利的前者可以在历史转折的今天变成后者——左翼的口号。然而，从第一稿来看，“‘以日中两国为基轴的‘东亚’新体制！’以及以此为前提基础的‘世界新秩序！’”很清楚地被视为“这曾经是维护日本帝国主义的右翼思想家所倡导的口号”，而现在是要以“包括对日本资本主义之根本改造的内涵”为形式，才可以将其转变为左翼的口号。广松涉并没有说，可以将1940年代之右翼的口号单纯地在90年代予以再生产。如果从文本考证方面来说，可能确实如此。但是，不管第一稿还是第二稿，我们从广松涉此文读到他是在重复生产40年代帝国日本的世界史表象和世界观标语（虽然是有条件的），这难道是读者的误读或者解读不充分吗？而且，这篇文章的最初读者——《朝日新闻》的记者将广松涉要传达的信息凝聚到那两个标题上，也绝不是基于什么误读。“包括对日本资本主义之根本改造的内涵”，这终归是一个附属条件。曾为右翼口号的“以日中两国为基轴的‘东亚’新秩序”，如今也可以成为经过历史转折后的左翼的口号，我们将此视为广松涉文章发出的信息并没有错误。

三　帝国日本诸话语的相同性

1940年代日本帝国右翼所倡导的“‘以日中两国为基轴的‘东

亚’新体制！’以及以此为前提基础的‘世界新秩序！’”，在附加了“包括对日本资本主义之根本改造的内涵”这一条件后可以成为90年代日本左翼的口号，在于两者的世界史认识和在此基础上面向新世界秩序而做出有关亚洲的自我主张，其话语在构成上具有共通性。广松涉有关“东亚新秩序”的发言，其问题不在因副标题而导致的误解，也非文章构成上的不足导致的问题。这是由于90年代广松涉的发言和40年代法西斯日本的言论在有关世界认识和世界政策上具有的共通的问题构成和话语构成而导致的问题。

“‘以日中两国为基轴的‘东亚’新体制！’以及以此为前提基础的‘世界新秩序！’”这一口号，或者“东亚协同体”和“大东亚共荣圈”等理念，在1940年代绝非“右翼的专利”。所谓“东亚的新秩序”和“世界的新秩序”主张，乃是30年代以来作为政治上、军事上的事实而逐渐显在化的帝国日本的世界战略，即以对抗欧美帝国的世界支配而强调亚洲的存在这一形式的帝国日本世界战略之表现。只要是共享这个帝国日本的世界战略及其世界认识的结构，那么以“东亚协同体”来要求欧洲化世界秩序的重组，就成了昭和日本从右翼法西斯主义者到马克思主义系统的社会科学学者所共有的话语构成形态。限于欧美帝国主义的亚洲支配乃是西洋近代展示给亚洲的现实形象，有关克服近代的主张虽然包含着诸多近代批判的思想课题，但依然与帝国日本拥有同样一个世界战略的话语构成。关于这个昭和日本之近代克服（“近代的超克”论）的话语，广松涉这样评论道：

> 战前、战时我国论坛上的“近代的超克”论，得到日本帝国主义在意识形态上追认为东亚政策以及世界政策的、带有使其合理化的浓厚性质。……但是总的来说，日本要在世界政治和文化方面确立强有力的“领导权”，这对“近代的超克”来说乃是前提条件。只要我们理解这一点，那么就不应该抹消其在意识形态上被追认为日本帝国主义世界政策的根本性格。[①]

广松涉这段文字看上去仿佛在阐述与我上面所陈述的同一事态似的，然而实际上完全不同。在此他好像是在批判：日本帝国主义的东亚乃至世界政策已然存在，而所谓的“近代的超克”论成了其意识形态的粉饰。广松涉的论述，并没有将日本帝国主义的东亚乃至世界政策视为已经具有一定话语构成的意识形态，而是另一方面具有一定话语构成的“近代的超克”论，因堕落为日本帝国主义的粉饰性意识形态才遭到了非难。这里，缺乏的是观察日本帝国主义世界战略与“近代的超克”论在1940年代日本世界认识和世界政策方面在话语构成上的共谋关系这样一种视角[②]。忽视了“近代的超克”论与前者在话语上的共谋关系，将前者置换为“日本民族”的时候，在广松涉那里就产生了奇妙的日本浪漫派式的言说。例如，“‘近代的超克’论在意识形态上表现了当时‘日本民族’所

① 广松涉《“近代的超克”论——昭和思想史之一视角》，东京：“讲谈社学术文库”，1989年。

② 广松涉的《“近代的超克”论》完全缺乏观察意识形态多重结构乃至各领域间话语之相同性的视角。

处世界史的‘位置’与‘状况’以及关乎生死的愿望，虽在学理分析和把握上不够充分”等等。那么，化为日本帝国主义意识形态之粉饰的“近代的超克”论就成了恶劣的言说（“成为新闻界仇敌的末期形态”），而未能对生死攸关之日本民族的愿望做出充分“学理分析”的“近代的超克”论，不就成了善良的言说了吗？

让1940年代日本世界战略的话语构成在90年代的日本起死回生，促使广松涉这样做的原因，就潜藏在这个“近代的超克”论的言说中也说不定。使哲学人广松涉发出错误言论的，并非“自然主义的谬误”，而是“民族主义的谬误”。这或许是因为他缺乏这样的视角——昭和日本有关克服“近代”的言说与帝国日本世界政策的言说拥有同一个话语构成。

四　帝国日本与“东亚”概念

《广松涉著作集》的解说者很在意“东亚”这一汉字表记容易联想到“大东亚”，而在解说词的末尾特意提到《東アジア世界史探究》翻译成中文则为《东亚之世界史探究》。解说者由此要说明什么呢？不得而知。他是要说，为了不至于从“东亚”联想到“大东亚”而要采用与“東アジア”同样的中性化区域概念吗？果真如此的话，可以说这位解说者根本就没注意到近代的区域概念所具有的地政学的意涵。进而言之，这位解说者所庇护的试图将右翼的“东亚”变成左翼的“东亚”的那个广松涉，对于这个问题更是茫然不知。

“东亚”一词，与直到1945年的帝国日本之历史过程深深结合在一起。与其他的“亚细亚”“东洋”等词语一样，“东亚”是一个历史性的政治概念[①]。这个概念最初是作为“东亚美术史”“东亚考古学”等文化史概念而确立于近代日本的。这个文化史上的“东亚”清晰地划出了区域的界限，即包括这个地区作为支配性文明起源的中国及与中国拥有同一个文明圈的朝鲜和日本乃至越南。它是可以称为“中华文明圈”的区域。不称“中华文明”或“中国文明”却叫“东亚文明”，在于其中包含着这样的视角——以中国为起源的文明向东亚的传播以及各地多样化的发展，并试图建立起一个从中国以外的国家和地域来观察文明及其文化史的阐释架构。这个东亚文化史的叙述，正如费诺罗萨《东亚美术史纲》[②]这一最早的著作显示的那样，是以全新的近代学术视角与方法确立起来的。所谓新的学术视角，即近代历史学、考古学、民族学、语言学以及宗教史、艺术史等。也因此，在20世纪早期已经确立起这样的学术视角的近代日本，得以首先建立起了文明论、文化史上的“东亚”概念。但是，这个文化上的区域概念“东亚”毕竟是从自负为近代亚洲盟主的帝国日本的学术视野发展而来的，因此一开始就具有政治的意义。这可以从下面的事实得到说明，即有关东亚文化史的著作得以陆续出版，是在帝国日本形成“东亚协同体”和“大东亚共荣圈”等政治理念并加以极力鼓吹的1940年代。

随着日本帝国主义战争在亚洲的遂行和扩大，“东亚”作为

---

① 有关昭和日本与“东亚”概念的问题，请参照本书第三章“昭和日本与‘东亚’概念”。

② 费诺罗萨《东亚美术史纲》（有贺长雄译）初版于1921年，1938年作为“日本文化名著选”之一，由创元社修订再版，广为普及。

“大东亚”得到重构，进而将“南洋”和“南方”也囊括进来。关于战争的发动和新的区域概念的构成，我们可以通过社会科学家平野义太郎的话来看个究竟。他是贯穿昭和的战前、战时和战后呼应形势而发出学术话语的社会科学家。

> 拥有日“满”华的东亚及南洋的大东亚，进而包括印度在内的东洋各民族集结团结起来，共同驱逐美英对东洋的侵略而构筑大亚洲的一体基础，其轨道为何呢？日本体现了三千年东洋文化精髓，且于支那印度大陆文明和太平洋（包括其附属海洋的印度洋之“南洋”）的海洋文明之中心点上立其国，到近代则摄取了西洋文化和科学而不断融合东西两洋的文化，至今形成了东洋的中心势力，因此极有资格展望东洋文化之近代浑然一体的未来，并铺设其发展的轨道。[①]

这里十分清楚地显示，随着日本战争的遂行和帝国主义战略视野的扩大，其区域概念是怎样逐步形成的。正如此文说明的那样，政治性区域概念“东亚”和“大东亚”是与1937年日中战争的全面爆发和对中国大陆内部之战争扩大，以及1941年太平洋战争爆发和战线向南方地区扩大一起形成的概念。而下面这样一种看法则是错误的，即在日本近代史过程中展开的各种亚洲主义言说导致了“东亚”概念的出现。毋宁说，事情正好相反。针对中国和亚洲的日本帝国主义野心及其实践的战争，吸纳汇聚了已有的各种意识

① 平野义太郎《大亚洲主义的历史基础》，东京：河出书房，1945年。

形态而构筑起了新的“东亚”“大东亚”概念。这个全新的“东亚”概念，是作为“东亚新秩序”，乃至“东亚协同体”构想而逐步发展起来的。

五 “东亚协同体”论

“战争使已有的变化方向更为清晰了，我们可以认为这是发挥决定性作用的东西。与其说战争不如说战争的进展使事态更加明朗化了，而后关于历史进程的认识才自然而然地形成。”[①] 这是某位社会学学者所著《东亚协同体的理念》中的一段话。该文清楚阐明了“东亚协同体”论的话语正是对日中战争之状态的事后性即事变后的理论化之言说，因而常常带有堕入将事变合理化的性格特征。日中战争这一大多数知识分子不曾预想到的对大陆军事行动的急速发展，要求他们急忙对事态做出理论上的正当化。有关“东亚协同体”的著述汗牛充栋，而几乎所有的著述都是追随作为国家意志之暧昧行使或其军事上之狂奔的日中战争这一事态的进展而产生的言说。一如中国现状之杰出观察者和分析家尾崎秀实所说的那样：“当前形势下作为‘新秩序’实现手段而出现的‘东亚协同体’论，正是日中事变行进过程中诞生的历史性产物。”[②]

尾崎秀实在此提到的“新秩序”源自下面这个所谓“东亚新

---

① 新明正道《东亚协同体的理想》，东京：日本青年外交协会，1939年。

② 尾崎秀实《“东亚协同体”的理念及其客观基础》，收入《现代支那论》，东京：劲草书房，1964年。该文曾刊载于《中央公论》1938年11月号。1944年11月因佐尔格事件而被处刑的尾崎秀实在该文中指出：“真正的东亚协同体如果没有支那民族真心诚意的积极参与是无法确立的。”

秩序”声明，即1938年11月占领武汉之后近卫文麿首相发表的声明：“帝国所希求者，在于确保东亚永久和平而建设新秩序，此次征战之终极目的亦在此也。”蒋介石对此立刻发表了谈话，称“东亚新秩序建设乃吞并中国的别名”[①]，而这个近卫文麿发表的声明本身确实具有对事变做事后正当化的性质。之后，正仿佛追随这个声明似的，作为“世界新秩序”的“东亚协同体”理念迅速在日本得以形成。这个“新秩序”针对着欧美先进帝国主义统治的“世界旧秩序”而要求进行重组——作为承担新世界史使命的“新秩序”，针对“世界旧秩序”而试图构筑起“东亚”协同体世界。“东亚协同体”论，就是这样构成的。

因此，构成“东亚协同体”论的“新秩序”主张，便将日本帝国主义在东亚确立霸权的意图和行动解读为针对英美而建设“日‘满’支”共同的“东亚新秩序”之“圣战”。在这个“东亚新秩序”建设的主张中，承载了虽为亚洲先进国家却是后进帝国主义的日本作为落后亚洲各民族要求独立之理念上的代表，即以假扮伪装的代表资格而要求重组世界既有秩序之意。因于中国大陆展开的这场帝国主义战争本身所孕育并要求的此种解读，也即“东亚新秩序”之理念化和理论化的作业，动员起了亚洲主义论者乃至西田几多郎系统的历史哲学家，学院派的历史学和政治学学者，以日本浪漫派为中心的文学家和马克思主义系统的研究中国、亚洲社会的社会科学家等昭和初期众多的学者、知识分子，其中有些人甚至是自己主动参与其中的。“东亚协同体”论，的确是日本对中国和亚洲发起的帝

---

① 这是蒋介石在1939年4月重庆召开的中外记者会上的发言。转引自尾崎秀实的《现代支那论》。

国主义战争孕育的理论性产物。然而，可以说这也是大多数当代日本学者和知识分子有关亚洲问题之理论构筑的历史性体验。

广松涉说“东亚协同体”论和“东亚新秩序”论只是右翼的帝国主义话语，这不仅是错误的，还意味着他忽视了这样一种历史性体验的重大性。他那简单的“东亚新体制”再生论，只能显示检讨帝国日本有关“东亚”问题之理论体验的视角欠缺。“东亚协同体”论对试图在日本思考亚洲问题的人来说，也是为了不使其重复再生产，乃是重要而不能回避的检讨课题。不过，这个检讨课题归根结底乃是作为“负”的遗产而由昭和知识分子所承载的理论上之亚洲体验[①]。

在此，我们再次引用那段露骨地表现了构成“东亚协同体”论之逻辑和问题所在的议论吧。我们有必要看清楚，帝国日本的霸权逻辑是怎样解读成了面向“世界新秩序”之“圣战”逻辑的。

> 以“南方”为东洋的重工业基地，支那为轻工业基地，日本为高端产业基地的东亚协同体建设，其可能性随着事变的进展而由事变本身所具有之历史必然性而被描绘。“资源贫乏”的日本之苦恼，作为民族国家试图通过民族工业而实现社会统一和现代国家发展的支那之焦虑，将通过这日中协同之纽带的建设而得到解决。而且，日中间协同之纽带的建设还将取代旧世界之资本主义及共产主义秩序，

① “东亚协同体”论内含着需要重新讨论的诸多问题，如作为“近代的超克”论之对欧洲近代的批判和世界史的重组、作为世界多元重组之“广域圈”的概念构成，进而有关东洋社会的历史学、社会学分析等。

而于东洋建立起新的民族国家之间的国际秩序。

这里不是讲得很清楚了吗？通过建设“日中协同的纽带”，世界旧秩序将为“于东洋建立起来的新的民族国家之间的国际秩序”所取代。左翼想要重新夺回的“以日中为基轴的‘东亚’新秩序”，结果与此有什么两样呢？

第五章
关于东洋社会的认识

日本民族自印度、鞑靼两个源泉吸取血脉，而成就映现全亚洲意识之镜，实乃天赋之才能也。

——冈仓天心《东洋的理想》

有印度文化、支那文化、日本文化，然而所谓东洋文化并不存在。

——津田左右吉《东洋文化·东洋思想·东洋史》

一　何谓“东洋”？

与平野义太郎一起翻译过魏特夫《东洋社会的理论》的森谷克己[①]，于1930年代到40年代，在东洋社会理论和中国社会经济

---

① 森谷克己（1904—1964）曾历任战前的京城帝国大学（汉城），战后的爱知大学、冈山大学、武藏大学教授。如本章所述，他根据“亚细亚生产方式”论，以东洋和中国社会的经济史分析为中心，在战前和战时著述活动十分活跃。除了与平野义太郎共译魏特夫《东洋社会的理论》（日本评论社，1939年）之外，还有《支那社会经济史》（章华社，1934年）、《东洋小文化史》（白杨社，1937年）、《亚细亚生产方式论》（育生社，1937年）、《东洋的生活圈》（育生社弘道阁，1942年）、《东洋社会的历史与思想》（转下页）

史等领域积极从事著述活动，曾有一本著作《东洋的生活圈》。正如该书开篇所言，“观东亚的历史实践之未曾有过的进展，当觉悟到目前东洋论极具现实的政治意义”[①]，这本书是在由日中战争转向太平洋战争，日本于亚洲发动的战争使“东洋”成了不折不扣的“现实的政治”课题之际写作的。为了回答日本“历史实践”所要求的认识“东洋”的课题，作者在本书中再次提出“何谓东洋”的问题。

森谷克己首先讨论了“Orient”这个概念，因为一般所谓“东洋”大致相当于欧洲人所说的这个词。可是，森谷一面谈欧洲视野中的“Orient”和日本视野中“东洋”的差异，一面又试图将“东洋”重构为“亚洲”。他认为，“这里的问题是 Orient 不单单指远东地区，更是西洋人眼里的东洋。换言之，是以古希腊古罗马为渊源的欧洲文化各国眼里的东洋。可以说，这大致相当于亚洲。说到亚洲，当然是指所谓旧世界东北部的名称。……我们将东洋视为问题时，必须把亚洲置于广阔的视野”。森谷于此将“东洋”重构为“亚洲”。然而，这个“东洋”果然存在吗？

质疑“东洋”的存在，实际上是在质疑像西洋那样作为一个文

（接上页）（实业之日本社，1948 年）等著作。森谷克己是我的岳父。他去世已有三十余年，我今天得以重新打开岳父的著作，为思考他所认识的“东洋”或“支那”整整花了三十年的时光。现在想来，如果我与他生于同一个时代，经历过同样的作为知识精英的道路，说不定也会有同他一样的思想和知识体验。就是说，在经历三十年的时光而走过了 20 世纪的今天，我终于有可能把 20 世纪日本知识分子的体验作为包括我自己在内的昭和知识分子的自传来追怀。对我来说，这里的东洋论便是昭和知识分子的自我分析、自我认识。

① 森谷克己《东洋的生活圈》。

化共同体的“东洋”是否存在。我们不必举一贯批判“东洋文化”之虚构性的津田左右吉也会知道，文化上一个完整的“东洋”作为实体是不存在的。可是，“东洋”这个概念贯穿了整个近代，却一直存在于我们当中。佐久间象山《省諐录》所言“东洋道德，西洋艺术，粗略无遗，表里兼备，以此润泽民物，报其国恩”，据说是最早将“东洋”对置于“西洋”的例子。而关于幕府末年日本“东洋”概念的确立，津田则解释说，“与西洋对抗之际，比起单独一个日本来，用东洋说话则更觉得可以壮胆。于此，受过儒学教养熏陶者有一种思想上对支那趋炎附势的倾向。而这个意义上的所谓‘东洋’在当时日本人心中开始成为一个有意义的词语，如此观之，可以说它是由日本人首先创造的”①。换言之，这个近代以来常用的“东洋”，乃是在19世纪前期东亚历史状况中由幕末日本创造的概念。

二　“东洋”理念与日本

冈仓天心以“亚洲是整体的”一句起笔写作《东洋的理想》②。他说喜马拉雅山脉隔断了“有着孔子的共同体社会主义的中国文明和韦陀式个人主义的印度文明”，但是，以“终极和普遍”为志向的亚洲各民族并没有因此妨碍他们构筑“共通的思想遗产”。这本

① 津田左右吉《支那思想与日本》（岩波书店，1938年初版，1947年再版）。

② 冈仓天心《东洋的理想》（浅野晃译，创元社，1938年）。原书出版信息：*The Ideals of the East with Special Reference to the Art of Japan*，London，1903。（可以参考的中文译本是阎小妹译《东洋的理想——建构日本美术史》，北京：商务印书馆，2018年——译注）

《东洋的理想》仿佛只是在确认和表露冈仓天心"亚洲是整体的"之理念志向似的。基于这种理念志向上的叙事，例如"阿拉伯的骑士、波斯的诗、支那的伦理、印度的思想，这些都在讲述单一的古代亚洲的和平。……甚至伊斯兰教，也可以看作是持剑马上民族的儒教"，若说给这些叙事以现实性的某种东西存在于作者天心那里，那么，这便是"日本"，即以对"亚洲是一个整体"的理念思考和表现为基础而存在着的"日本"。

冈仓天心说使亚洲的复杂实现"单一"是"日本的伟大特权"。也可以说"成就映现全亚洲意识之镜"的乃是这个民族所具有的"天赋才能"。亚洲是一个整体则只有在日本才得以成为现实，日本乃是映照出亚洲整体像的镜子。因此，通过叙述日本，也就可以叙述亚洲的全体。而作为映现亚洲之镜的日本的天心，他的亚洲发现与他对日本美术史的建立有着不可分割的关系[①]。天心称，"依据密藏的标本可以持续不断地研究亚洲文化史上之宝藏的，只有日本"。

> 帝室御物、神社，挖掘出来的古石墓等，向我们展示了汉代技术的精美曲线。还有奈良的众多寺院，藏有丰富的唐代文化，以及仿佛呈现着当时隆盛景象之印度艺术的代表性作品。
>
> 日本乃是亚洲文明的博物馆。

---

① 如上页注②的英文书名所示，冈仓天心《东洋的理想》是作为日本美术的特殊参照系而谈到"东洋"的。不过，或许更应该说是将亚洲作为参照基础而写就的日本美术史。

正因为如此，追溯日本美术的历史也便成了追溯亚洲艺术理想的历史。所以，与其说冈仓天心《东洋的理想》是他论述“日本美术史”的补充，不如说是其主要部分。“日本美术的历史”是“相继而来的东方思想的波涛，与国民的自觉相撞击而留下砂铸模型的海滨”。但是，日本凭借什么得以成为“亚洲思想和文化的真正信托仓库”呢？只是由于地处欧亚大陆的东端、遥远的海涛澎湃袭来而凝聚成岛屿的日本地理位置吗？冈仓天心解释说，除了日本民族所具有的“天赋之才能”外，还有“万世一系的天皇这一无比的祝福，不曾被异族征服的骄傲自恃，不惜牺牲而保存下祖先所传的观念和本能及其扩大而成就的岛国之孤立”。日本得以成为亚洲精神、艺术遗产的宝库，在于具有“骄傲自恃”特性的这个民族。

如果将日本单纯看作亚洲大陆优越的诸文化接受者或摄取者，那么，只能将日本做消极的文化史上的自我规定。然而，使这个消极的文化史上之自我定位颠倒过来，使由日本来讲述亚洲文化史成为可能的是什么呢？在冈仓天心那里，这便是独立自主的民族之自负。即对于以“国民的自觉”接受澎湃而来的东方思想文化的波涛，由此建立起国民理想与艺术的日本这个自立国家的骄傲。也就在这里，有着贯穿整个近代而不断被复制的文化接受国日本的文化上之自我主张与自我定位的话语原型。

“亚洲是整体的”，此乃以日本为其理念的现实基础，同时于20世纪初期由近代日本所推出的理念。

三 “东洋”在何方？

在20世纪初的冈仓天心那里，“东洋”的理念因“日本”而具有了现实性的基础，我们在确认了这个理念由“日本”的存在而得到表征之后，再回到1940年代的日本吧。昭和时代的战前和战争中间，社会经济史家森谷克己在叙述“东洋社会”“东洋生活”之际，曾质疑“东洋”是否真的存在。即使可以将“东洋”视为与“亚洲”具有同等的意义，而关于“东洋”世界，一个整体性的“东洋文化”是否可以规定为特殊的“东洋社会”而加以叙述呢？森谷的答案首先是否定的。“东洋从历史背景上观之，并不是如西洋那样置于一个文化相通状态之下的。……因此，毋宁说今天我们无法把广阔的亚洲置于眼底而作为一个整体性的东洋文化来叙述。原因在于，古老的多个文化中心——确实有类似之处——相互隔绝而并没有升华为一个整体性文化，其大部分或者衰亡，或者停滞，或者为列强所殖民而成为半殖民地。”[①] 这里作者所说的“历史背景”，大概指的是其历史性变化而促成了作者现在的视角吧？正如“由历史背景上观之所谓东洋国家云云”那样，“东洋”这个词是在作者记述负载着历史烙印的对象之进退两难的“现在”这一语境中被使用的。足以从“历史背景”上作为“一个整体性文化”来叙述的“东洋”并不存在，那么“东洋文化”乃至“东洋社会”变成不存在的叙述对象了？然而，森谷又转换语调说：

> 虽然如此，我仍坚信在东洋的历史背景下可以谈话，“东洋的”社会等于国家，而且也一定有一个作为整体的东洋文化会发达繁荣的。

---

① 见森谷克己《东洋的生活圈》。

就是说，森谷克己认为从“历史背景”上看还是有一个可以谈论的“东洋社会等于国家”的。而且，未来将发达起来的“东洋文化”也是可以谈论的。这个奇妙的说法，与“东洋”这一认识对象的设定有关。据说这里的“历史背景”是取历史的即将发生的状态这样一种视角，同时“东洋社会”作为可谈论的对象得以确立。他说，“由历史背景上观之，作为社会等于国家的东洋模式可以谈论”。那么，从“历史背景”上可谈的“模型”“东洋社会等于国家”是什么呢？接着上面的引文，作者还有一段较长的说明：

> 由历史背景所见东洋社会，毕竟是可以作为封建秩序已见成熟的专制官僚国家来分类的。当然，在亚洲兴亡变换的诸民族根据国家和时代的不同，其根本上的组织也各有差异。但是，这些国家民族总是作为专制官僚国家而兴隆，又因其封建要素的生长而急速地走向衰亡。——不过，日本是个例外。盖专制官僚国家的秩序最适宜于亚细亚生产方式，因为与东洋的社会生产结构有不可分割的关系。在这个意义上，可以说由历史背景下观之，东洋国家便是专制官僚的国家。

从“历史背景”上所见“东洋社会—国家”，不是别的，正是黑格尔 / 马克思所规定的“专制”国家，及具有“亚细亚”生产方式的社会。作者所谓由“历史背景”上观之的历史视角，大概就是与黑格尔 / 马克思的人类世界史和社会史视角同一化的视角吧。从这样的视角出发，“东洋”被视为具有“专制官僚”模式化秩序的国家群。进而，这些专制国家和社会被视为最适宜于“亚细亚生产方式”，由此作为理论上的认识对象，“东洋”社会的结构便被设定下来了。而且，在被规定为“东洋”的这个国家群中，日本作为特例是被排除在亚洲经历过的封建社会之外的。从这个例外的日本之社会科学工作者的视角出发，“东洋社会国家”便成了一个模型。就这样，日本社会科学工作者认识视角中的“东洋社会”被确立。

与日本1930年代至40年代的社会科学工作者的认识视角相关联，“东洋社会”概念在他们的社会科学话语中得以确立。然而，何以是“东洋”？日本社会科学工作者为什么要讲“东洋”、谈论“支那”呢？他们认识上的关注焦点为何带着紧迫性转向了这里？这个疑问，是和黑格尔世界史考察中为什么要有“Orient”、马克思资本制社会认识中何以要有“亚细亚”这样的疑问重叠在一起的。同时，它还以今天我们的“亚洲”认识视角亦需要质疑的形式，逼我们做出回答。而这位日本社会科学工作者认识视角中的“东洋”，同时也和20世纪日本的历史实践所要求解答的“东洋”重叠在一起。

四　日本的历史实践与“东洋”

森谷克己一面质疑“东洋”作为可叙述的对象是否存在，一面回答说从“历史背景”上观之，“东洋”作为“专制官僚”国家群存在着，并同时强调将来“东洋”是一个应该发达繁荣的世界。现实的“东洋”大部分已化为列强的殖民地、半殖民地，阻碍着其独立自主自然而然的发展。但这个“东洋”，森谷讲到自己的信念，“肯定要从被异化的状态下解脱，通过自然的发展而达到一个整体的文化共同状态，一个整体的东洋文化”。最后，文章以“这个革新如今已从远东开始了”作结。

这本《东洋的生活圈》问世的1942年，乃是扩大到太平洋南方的日本战争，不久以中途岛海战为契机开始转向守势的时期。始于远东的“革新”，正意味着在“东亚协同体”“大东洋共荣圈”理念之下，日本开始从中国大陆向东南亚地区扩大战争。作者将这场战争的遂行称为“东亚的历史实践”。他推测，通过此历史实践东亚的一体化将确立，而于亚洲成立一个“协同体”，“亚洲最终必须通过‘协同体’而一体化。东亚的历史实践正在推动这个过程”。就是说，正是通过日本所进行的历史实践，使真正觉醒的“东洋”得以存在。

> 东洋俨然存在。东亚眼前的历史实践，在引导走向东亚一体意识的同时，将带来适合于“东洋”的革新，抛弃应该抛弃的，保存应该保存的，必将走向比此前更高的一个阶段。

那个被怀疑是否整体存在的“东洋”，如今通过日本由中国大陆向太平洋南方区域扩张的历史实践确实有了可能存在的迹象。而且，“东洋”经过革新将走向更高层次的阶段。

20世纪初期，“东亚”理念在冈仓天心形成日本美术史视野的同时，以这个日本为现实基础而被提出。之后，经历了近四十年，直到20世纪中期的日本历史实践，终于使“东洋”有望踏实地建立。而1930年代至40年代的日本学者知识分子则为这个应有的“东洋”之出现，将历史学、社会科学认识的焦点对准了应当克服的那个否定性东洋。然而，《东洋的生活圈》把应有的“东洋”确定为地理上的“亚洲”，但在书中理所当然地又将“东洋”视为“支那”，以“支那”为主题展开其论述——“东洋”以“支那”为代表、“东洋社会”以“支那”社会为特征而得到研究。那么，为什么是“支那”呢？

五　为什么是“支那”呢？

> 支那事变，当然不是因为列强对东亚帝国主义统治的强化，而是为了东亚成为一个整体、重整局势、防御外辱而征战的。最终，东亚在先进的日本的指导下必将达成协和的新秩序。

森谷克己《东洋的生活圈》的绪论从“支那事变”起笔，以作为历史实践的“支那事变”提出了“东洋”这个课题，而“革新‘东亚’，代替‘旧秩序’确立起‘新秩序’的是‘支那事变’”这种对于时局的认识[①]，乃是从近卫内阁到军部以及知识分子和当时广大日本人所共有的历史理解。这个试图将在中国大陆的战争正当

① 由近卫文麿首相发表的所谓“东亚新秩序声明”，是在1938年占领武汉之后。声明曰，“帝国所希求者，在于确保东亚永久和平而建设新秩序，此次征战之终极目的亦在此也。”。

化的历史认识，在秋泽修二《支那社会构成》[①]中，以过度迎合时局的态度做出如下表述：

> 这次日支事变，给支那社会带来一个光明。就是说，皇军的武力将支那社会“亚细亚式”停滞性的政治支柱——军阀统治从支那的广大区域扫除殆尽。这样，支那社会最终将克服所特有的停滞性，通过与自立发展的日本相结合，必将开拓出获得真正自立的道路——这也便是东亚协同体本身。

秋泽修二的亚细亚停滞性这一认识中国社会的视角，使他形成这样一种逻辑：把在中国大陆推行的日本帝国主义战争行为视为将中国社会从停滞中解救出来，再通过中国的自立而导向结成东亚协同体的世界史实践。这是“自立发展”的日本知识分子面对“落后停滞”的中国所构筑的逻辑。支撑了明治日本“脱亚入欧”国家战略的中国认识[②]，也就是作为“东洋的停滞”“东洋的专制”之中国认识，使昭和时代的日本知识分子构建起下面这一逻辑：将对中国

① 秋泽修二《支那社会构成》（白杨社，1939年）。他是昭和战前、战时以马克思主义视角和方法建立起国家主义、极权主义话语的重要代表人物。著作有《世界哲学史》《东洋哲学史》《科学的精神与极权主义》《现代哲学与法西斯》等等。

② 黑格尔对“东洋的停滞”“东洋的专制”这一Orient做出的历史规定，一方面成为明治日本有关亚洲之自我认识的沉重紧箍咒，同时也规定了脱亚这一日本文明论战略。详论参见本书第二章“黑格尔‘东洋’概念的紧箍咒”。

的侵略性军事介入正当化为带来中国旧社会解体和更新的历史实践。

在此，我记起马克思关于英国殖民统治在印度所承担之使命的一段话："英国在印度要完成双重的使命：一个是破坏性的使命，即消灭旧的亚细亚的社会；一个是建设性的使命，即在亚洲为西方式的社会奠定物质基础。"[①] 这里有一个观察英国殖民主义的视角，即摧毁古老的持续停滞的印度社会使之更新的、近代英国殖民主义的历史使命。马克思取自英国殖民主义统治下印度的这个认识视角，大概遥遥地构成了日本马克思主义者面对昭和日本帝国主义侵略下的中国所采取的认识视角。当然，我并不是在强调马克思的话和日本马克思主义者之间单纯的因果关系。例如，马克思取自印度的视角，是作为近代欧洲的批判知识分子的马克思建立起来的分析世界的视角和方法，而把马克思主义分析世界的视角和方法据为己有的近代日本批判知识分子，其围绕中国的现实而确立的认识性话语才是问题所在。"亚洲的停滞性"这一针对中国社会的历史认识视角，使日本马克思主义者产生了把中国旧社会的破坏和更新视为日本帝国主义之使命的话语，他们仿佛在"重复"马克思针对印度的话语，这才是问题之所在。

六　日本近代与差异化

对于日本，中国的存在是不可或缺的，同时也是一个无法回

---

① 《不列颠在印度统治的未来结果》（卡尔·马克思，载于1853年8月8日纽约《每日论坛报》文章）。此处采用《马克思恩格斯全集》中文版第9卷第247页的译文，北京：人民出版社，1961年——译注

避的巨大他者。可以说，通过与中国的差异化才使近代日本的自我认识、自我确认得以形成。福泽谕吉的《文明论概略》是在移植西洋文明于明治日本的最初阶段写就的文明化战略。在此，他就文明化的条件所做出的日中两国对比，即就“支那与日本的文明同异”进行的检讨。他对中国所做的描述，也正是把中国作为“东洋的专制”之“支那”来处理的。他认为“支那人”乃“纯粹仰慕独裁一君，以为其至尊至强，而一向沉湎于此信仰心”者。进而，他还将“支那”视为“独裁之神政府”统治下的社会，进而写道：

> 独裁之神政府，日食之际则天子出宫，观天文而行占卜等事，人民亦靡其风，愈发视君上为神祇愈发陷于愚钝。如今，支那正可谓成其风也。[①]

福泽谕吉强调“我等日本则不然”，借此将日本与中国、与“独裁之神政府”的专制区别开来。怎样才能把日本的政治权力和专制权力区别开来呢？他由此展开了有关日本政权与国体的有趣分析[②]，这里只好割爱不谈了。我关注福泽日本文明化的战略，当然是因为这种思考乃接受西洋文明论差异化的框架而得以构筑的。西洋的文

---

① 福泽谕吉《文明论概略》第二章“以西洋文明为目的”（松泽弘阳校注，“岩波文库”）。

② 福泽谕吉认为日本因武家政权的确立而产生了权威（朝廷）与权力（幕府）的二元化，由此发现从专制统治下的平稳社会向动荡社会转变的契机。动荡社会中才有发展，福泽以此观点在《文明论概略》同一章里展开了其国体观的有趣分析。

明论上之自我认识，其前提是以将反西洋的他者东洋作为非文明的世界而确立的。关于黑格尔的历史哲学把东洋作为专制统治和历史停滞的王国来描绘的情况，我在前面做了论述[①]。福泽则将此西洋文明论“西洋／反西洋・东洋”的差异化架构移植到日本和中国之间，并作为日本文明化的所谓“先验性架构”接受过来。于是，专制与停滞的中国，便成了亚洲中非亚洲的日本——近代化即文明化日本的自我差异化时不可回避的他者。不同于日本的中国，这个形象就成为从福泽谕吉到丸山真男的日本近代化论之先验性的差异化对象[②]。

在《东洋的生活圈》开头，作者森谷克己对“东亚”是否存在进行了质疑。可以说，这种首先来质疑要叙述的对象区域是否存在的做法，很是奇妙。它正说明“东洋”这个区域概念的实体性甚可质疑，不过是一个话语叙事上的存在罢了。森谷一面怀疑“东洋”实体的存在，一面又说这个带有紧迫性的认识对象即“东洋社会”是存在的。认识上之紧迫性，当然是1930年代至40年代日本的历史实践所提出的要求，同时作为认识对象之“东洋社会”的存在，也与日本马克思主义系统的社会科学工作者的关注焦点和方法论视角有关联。从黑格尔到马克思的西洋人的自我认识，需要设定一个作为他者的非西洋的“东洋”，即“专制与停滞的东洋”，而这个“东洋”在此也就是日本马克思主义系统的知识分子作为认识对象所构造的“东洋”。此“东洋”首先必须是“支那”。“支那”乃

① 参本书第二章“黑格尔‘东洋’概念的紧箍咒”。

② 众所周知，丸山真男《日本政治思想史研究》便是根据黑格尔“中国历史停滞性”的叙述开篇的。

是欲自立为文明国的近代日本不可回避的他者。就这样，“东洋社会”——更直白地说“支那社会”——成了 1930 年代到 40 年代日本的支那学学者，进而是社会学、历史学、社会经济史学者等从事认识、研究的最大场域。

第六章
巨大的他者——近代日本的中国像

1949年中华人民共和国诞生的那一年，我是高中二年级学生，至今依然记得刚出大学校门的新任教师针对“简述亚洲的停滞”这一历史课期末考试题，仿佛与自己无关似的在黑板上密密麻麻写下，自埃及乃至亚洲只有朝代更迭的历史……

——沟口雄三《中国、道统、世界》

一　前言

本章是我原计划2001年9月在哈佛大学燕京学社发表的演讲稿。该稿是在访问地美国，一边注视着由日本传来的小泉纯一郎首相为兑现选举诺言而参拜靖国神社，以及中国、韩国对此做出严厉反应的新闻，一边草草写就的。但是，原定9月中旬举行的讲演，因“9・11”事件的发生，在我去波士顿的同时延期到下一年3月了[①]。

这篇讲演稿，作为近代日本东洋认识的自我批判，我是把在“近代日本的中国像”这个主题下发表于《环》杂志上的文章做了综合整理而写成的。在连载文章中，我是把“脱亚论”的立场当作伴随

① 我的这篇讲演于2002年4月9日在哈佛大学燕京学社口头发表。

日本近代化过程而形成的结构性特征来看待的。正如福泽谕吉在《文明论概略》中所云，限于日本的近代化以追随西洋文明为目的，则必须将日本与落后的中国差异化，作为一种自我证明而在政治认识论上加以实施。本篇就是以这样的视角来探讨近代日本的中国像问题。因此，文中对日本近代所谓正统的“脱亚”论进行了批判，却没有对其另一面的“兴亚”或亚洲主义加以论述。亚洲主义，也可以称之为中国主义——将自己的改革志向与中国一体化而予以实践的立场，这是留给我的另一个重要课题。对我而言，这不仅是研究上的问题，也是自己思想上的课题。从宫崎滔天到橘朴，再到竹内好的中国主义者谱系，或许是一个未能免于败北、最后自我崩溃的理想主义者乃至妄想者的谱系也说不定。但是，他们作为日本近代“脱亚”论历史过程中反日本近代的谱系，可能会给我们面对21世纪全球化重构批判性视野的“亚洲”以重要的历史启示。而我对落款为2001年8月15日的本篇文章的修改过程，乃是对他们进行的重新思考。

二　作为巨大他者的中国

对日本而言，中国曾经是一个巨大的他者，现在依然如此。就日本文化，特别是成文书纪文化来讲，中国及其汉字文化正可谓一个作为前提条件的巨大存在。这是日本文化成立的不可缺少的前提，也是不可回避的条件。即使日本人的民族意识要对此予以否定，若没有中国文化这个前提，日本文化也是不可能存在的，这一事实无法否定。不过，为了使日本及其文化作为自立的东西得以确立，或者为了有可能去主张这种自立的存在，日本也需要将自己与中国及其文化差异化。只有把与自己的异质性强加给中国及其文化，也就是强有力地将中国“他者化”，才可能主张日本及其文化的独立自主性。中国及其文化是日本及其文化成立的重大前提。然而正因为如此，不将中国彻底他者化，日本就无法强调其自立性。一句话，中国对日本乃是一个巨大的他者。

始于19世纪后期的日本近代国家其自立的发展过程，乃是与巨大他者——中国经历了极其复杂的政治心理学过程的历史。如果不强行把逐渐实现了近代化的日本与中国进行差异化，那么，日本作为近代国家的成立和发展便是不可能的。就日本的自立来说，与中国的差异化是不可避免的，因为中国对日本自身的历史发展有过如此重大而持续的意义。如后面将要论述的那样，从日本的历史发展过程来辨明其与中国的异质性，乃是明治时期文明论和文明史论的课题。最终，近代日本在中国大陆甚至展开了与弑父行为相仿佛的否定性行动。

下面，我要谈三个问题。第一，将自己与中国做了否定性的自我差异化的日本，其近代化的结构性特征；第二，关于构筑否定性他者中国像的近代日本知识分子的中国认识问题；第三，关于战后日本的中国问题，即近代日本与中国的否定性政治及认识上的关系没有得到清理便与其重新建交的问题。对当代日本而言，中国问题不仅在政治上而且于认识论和理念层面也还没有得到解决。当然，不仅中国，包括更为复杂的朝鲜问题，也未能在政治和认识论层面得到解决。归根到底，亚洲问题还没有被处理好[①]。只不过，

---

① 日本的中国问题、韩国问题，只是在要强调解决了的那些人眼里才是解决了的问题。那么，怎样才能得以解决呢？正如我在“昭和日本与‘东亚’概念”一章中已经表述的那样：从历史、战争犯罪到性别、环境、生命伦理等言论及社会诸问题，都要通过将亚洲作为方法论上的架构这样一种协同作业，才能得到解决。所谓“方法论上的架构”，指的是为东亚互动的非实体性的关系框架。

中国问题是一个往往被替换为东亚乃至亚洲的问题。总之，对于20世纪的日本而言，亚洲问题也就是中国问题。这本身亦说明了中国问题之于日本的巨大和重要。

三　18世纪日本的中国像

东亚国家中，日本最早实现了近代化，这是与东亚以往的国际关系图式之重组一起实现的。东亚在19世纪遭遇来自西洋的强烈冲击之前，于文明论上是由中华文明圈世界包摄着的。即中国这一文明中心和其他周边地区的关系，是由政治上的册封关系构成的。这种关系被用“华夷秩序”这一文明论式国际秩序来加以表述。接受西洋冲击之前的东亚既有的国际关系，也便是一种以中国为中心的文明论的国际关系。日本虽然也包括在这个文明论的国际关系之中，却针对中国中心的华夷秩序保持了相对的自立性。这是因为日本的地理条件而得以维持的自立性。日本自7世纪成为古代天皇制国家以来，针对大帝国中国，曾以小帝国的意识来对待周边地区。历史学家说，17世纪以后德川日本的海禁体制，使以日本为中心构建小华夷秩序成为可能。而在中国中心的华夷秩序下获得相对的自立，促成了所谓日本“国风”文化的形成。但直到18世纪为止，即日本在理念上要与中国进行明确差异化以前，应该说，日本在文化意识上是包括在中华文明圈世界之中的。这还表现在甚至直到发动侵略中国战争的近代史过程中，对作为文化之根的中国的意识也没有完全从日本人心中消失。而对于中国中心的文化意识产生变化，甚至出现反中国的话语，则是到了18世纪的时候。

强调日本文化的固有性，试图将自己与中国文化区别开来并确立日本的文化同一性，这种话语出现在18世纪中期，即贺茂真渊（1697—1769）和本居宣长（1730—1801）等人的“国学”话语登场以后。那么，这种“国学”的对文化的自我认识冲动的兴起，源于日本对他者关系怎样的变化呢？促成对本国及文化同一性具有强烈意识的话语之成立，日本在当时发生了何种对他者、对外关系的变动呢？我认为，17世纪中期中国的明清鼎革带来了日本对中国认识的变化，其中有着“国学”话语成立的重要因素。关于在中国作为“异族”王朝的清朝，其确立给东亚带来了怎样的政治性波动，还有待历史学家研究[①]。但“异族”王朝的出现使“中华帝国”传统的权威降低，这大概是确实无疑的。清朝的确立促成了中国周边地区的文化自我觉醒及其对独立性的主张。日本国学家们将日本的假名文字与汉字文化区别开来，他们试图把汉字当作从日本外部借来的单纯书写符号，[②]故而出现了给近代日本以巨大影响的“汉字借来物”观点。对汉字及其文化做出外部性规定，实际上是针对假名文字及其文化而构筑起日本的内部性。在此出现了日本文化的自我意识，它贯穿整个近代日本，甚至在当代历史修正主义者

---

① 自朝鲜“壬辰倭乱”始，到日本统一武家政权的成立及锁国令，中国清朝的兴起和明朝的衰亡——明清鼎革等，再到耶稣会的进入东亚和英国东印度公司的设立，16、17世纪东亚的历史变动，需要从东亚史或世界史的观点出发进行历史分析。如果不以这样的视角为前提，便无法弄清楚日本的“国学”话语的成立。

② 本居宣长认为，从《古事记》用汉字汉文书写而成的文本中可以训读出“大和言叶”。这种解读工作的前提，是将汉字当作单纯的文字记号即假字、借字。这种汉字乃假借之物的观点，直到今天依然伴随着日本文化固有论的主张而不断出现。参见拙文《〈古事记〉——汉字书写文本》（《思想》905号，1999年1月）。

们的教科书中，这种意识依然留有痕迹。[①]

由日本国学家对汉字文化做出外部性规定，中国（汉）对日本来说便成了异质性的他者。将中国视为异国，构筑起与日本不同的异质性的中国像的乃是本居宣长。这里，简要概括一下本居宣长构筑的作为“否定性他者”的中国之像[②]。依据荻生徂徕（1666—1728）的“圣人等于先王观”，宣长试图将儒教的圣人当作权力的篡夺者或专有者。这样，他进而把圣人的道德说教也当成背后隐藏着权力意识的人为的欺骗性话语。在颠覆圣人的同时，圣人之国——中国的价值也将被颠倒过来，被视为本质上缺乏社会秩序和道德秩序的国家。通过这种彻底的价值颠倒，中国被宣长塑造成了“异国”（否定性的异质国家）。

在始于19世纪中期东亚的中国中心之文明论政治图式发生变化之前，日本国学构筑起了作为异质性他者的否定性中国像。而且，这里已经把中国当成由专制帝王（圣人）权力所统治的国家。此乃日本所构筑的专制国家中国像的原型。

四 “脱亚式”日本近代的战略

日本近代国家的成立，要求东亚的中华中心之文明论政治图式的变更与重组。始于福泽谕吉（1835—1901）《文明论概略》（1875

① 《新历史教科书》（扶桑社）谈及以日语读汉文即训读的发明时说，“在此有着古代日本人高深的智慧和果敢的决断”，又说日本人“通过用日语读汉文，在将中国古典作为自己的财产来吸取方面获得了成功”。

② 详细内容，参见拙著《本居宣长》（岩波书店，2001年）。

年）的近代日本文明论的中心课题之一，就是怎样将日本定位于东亚文明的中心位置，以取代中国。新文明当然是始于近代欧洲的文明，明治时期的文明论或者文明史的课题，便是要从历史上证明日本如何在亚洲成为继承欧洲文明的嫡传弟子的。

重构东亚的文明论政治图式的要求，促使近代日本选取了脱亚论的战略。所谓“脱亚”意味着脱离落后的亚洲，而与先进的欧洲合而为一。脱亚论，即脱亚的主张，基本上构成了近代日本的亚洲文明论的政治战略。而将亚洲的日本同化于先进的欧洲，这一脱亚论是在把欧洲对 Orient 的关系转移到日本对落后亚洲的关系的基础上确立的。于欧洲构筑的 Orient 像被原封不动地移到日本所构筑的亚洲像上来。而近代欧洲构筑的 Orient 像给日本造成决定性影响的，可以说是黑格尔历史哲学中的 Orient 像。黑格尔构筑了成立于希腊—欧洲，作为世界史发展之他者的“停滞的东洋”，认为被称为“东洋的专制”（Oriental Despot）的东洋国家社会，缺乏使历史得以发展的契机而停滞不前。这个“东洋的专制”或者“东洋的停滞”之东洋像，不仅规定了后来欧洲对东洋的认识，同时也成了亚洲，特别是日本认识自我和东洋时的紧箍咒。

因此，脱亚论便是要脱离“东洋的专制”和“东洋的停滞”，把自己的政治、历史发展方向指向欧洲。福泽谕吉的《文明论概略》便专心致力于将新兴的帝国日本与专制的帝国中国区别开来。有关的详细论述在此从略，我只想提一下福泽关于日本权力的二重结构的言论。他认为在政治上把天皇的权力弱化，使其成为仪礼上的权威，这种武家权力的确立，其中存在着中国所没有的日本权力结构的复合性，在此，他发现了日本社会发展的契机。这是观察日本权力结构的有趣视角。进而，与后来福泽的脱亚论有关而值得注意的是，他最早给中国披上污名，并将日本定位于文明的不断发展的历史之中。黑格尔历史哲学所构筑的作为专制和停滞王国的东洋像，促成了日本对东亚的中国中心文明论的政治图式的重构。日本一味把“东洋的专制”、“东洋的停滞”之名加在中国之上，并将中国从东亚的文明中心位置上赶下来，正因为自认为欧洲文明嫡传弟子的日本，要登上东亚新文明图式的中心。

五　20世纪前期的日本与中国

如果说，由近代国家日本主导的东亚政治秩序的重组始于1868年的明治维新，那么，以东亚这个广大区域圈为前提、由帝国日本提出世界秩序重组的主张，则始于1931年。19世纪中期以军事力量为背景，通过将东亚整合到欧洲资本主义体系而建立了近代资本主义的世界秩序。同时，东亚被编入“世界史”的历史进程。我认为，与这个“世界史”相关联的日本之历史转折期，可以分为1850年、1930年和1980年三个时期。当然，还有一个被视为转折期的1945年，而我以为这是一个应该转折却没能很好实现转折的时期。1931年这个转折期的特色在于，日本以自身为核心国家将东亚重新构筑为一个广大的区域圈，并强调对欧洲中心的世界秩序进行重组。这个广大区域圈的构想表现为“东亚协同体”，而昭和时期的众多知识分子参与了对其理念化的工作。该“东亚协同体”的理念伴随着日本帝国主义向南方的战争范围扩大，又被重构为“大东亚共荣圈”理念。

在日本与“世界史”相关联的第二个转折期内，中国成了日本帝国主义明确的关注区域。建立傀儡国家“满洲国”的日本帝国主义，被军部的挑衅性军事介入行动牵制，在中国大陆的战线不断拉长。日本在大陆的侵略行为，可以说是近代日本在认识上始终一贯构建异质的否定性他者的中国像并最终付诸战争的结果。那么，对于在中国的战争行为，昭和时期的日本学者、知识分子是怎样认识的呢？更准确地说，是怎样在观念上加以正当化的呢？

随着日本帝国主义对中国关心的增强，学者、知识分子对中国认识上的关注也增大了。特别是被称为“日支事变”的帝国主义日本对中国的军事行动的发动，给他们的认识冲动以强烈的刺激。从1930年代到40年代，日本对中国的认识中最显著的地方，在于不仅是支那学学者，连众多的马克思主义系统的社会科学工作者也参与了这种认识研究工作。他们对从古至今的中国社会展开了社会科学式的分析，由此获得了关于中国社会、农村、家庭构成以及中国的社会经济史、社会思想史等方面的大量研究成果。关于这个时期马克思主义系统的社会科学工作者对认识中国活动的参与，应该从与所谓“转向论”不同的视角来加以研究检讨。我认为，有关近代日本包括马克思主义社会科学知识的确立，需要从知识论的视角来加以考察。我这里论述的也就是关于他们的中国认识视角的确立及其相关的知识论问题。

六　认识作为他者的中国的视角

“日支事变”这个推到社会科学工作者面前的历史性现实，不用说刺激了他们认识中国的冲动。然而，使他们的认识工作的焦点对准中国，为他们准备了认识中国社会的分析视角的是什么呢？如果没有这种准备，对历史状况立即做出反应的认识活动是不可能展开的。使马克思主义系统的社会科学工作者将其认识的焦点落实到东洋，特别是中国，并给予某种分析视角的，是他们已经具备的马克思主义知识。正如近代日本的知识分子基本上是在与近代欧洲的知识视角同化而形成自己的视角那样，日本马克思主义系统的知识分子亦将自己的视角同化于马克思、恩格斯的认识视角。这里需要关注的是马克思的亚洲视野。

马克思等人依据英国经营印度殖民地带来的印度社会、生产结构和土地问题相关的情报资料，把黑格尔历史哲学构建的东洋像在社会经济史上进行了重构，这便是“亚细亚生产方式”论。关于这个“亚细亚生产方式”论，日本1930年代以后出现了大量论著，可谓汗牛充栋。这里，我不想深入探讨这个问题，我要质疑的是有关日本马克思主义系统的社会科学工作者的认识视角问题。“亚细亚生产方式”揭示的是发展阶段的历史上之生产方式呢，还是具有与欧洲不同社会结构的构造论上的生产方式呢？对此，研究者的意见有分歧。我认为，以追溯资本主义社会发展的历史阶段论的欧洲社会为前提，马克思的东洋观察不包含必然向资本主义社会发展的社会，而构筑起了亚细亚生产方式论。正是这个亚细亚生产方式，构成了所谓欧洲资本主义社会的他者像。黑格尔称不具有“世界史”发展必然性的Orient为“东洋的停滞”“东洋的专制”。而马克思则把规定不具有向资本主义社会发展的必然性的社会根据，叫作“亚细亚生产方式”。这是从欧洲的角度所构筑的他者像。日本社会科学工作者把自己的视角同化于这个来自欧洲的“亚洲”他者像的视角。欧洲的他者是“亚洲”，现在作为日本的他者的“中国”则成了日本社会科学工作者的认识对象。“亚细亚生产方式”论将他者“中国”视为社会科学的问题而加以构成，并给予他们分析的视角。我这里要追问的，不是他们对“亚细亚生产方式”论做了多少肯定性或批判性的评价，而是使他们将认识对象设定于中国并给他们准备了分析视角的是什么？

把作为资本主义国家急速成长起来，而今正在与发达资本主义国家就中国的市场进行角逐的亚洲先进国日本，与自己的帝国主义征服对象的落后中国区别开来，站在这样的立场来认识中国的传统社会，便成了日本社会科学工作者的课题。马克思在英国的印度殖民地统治中发现了破坏古代停滞性社会和催促其新生的使命，其认识亚洲的立场大概构成了日本社会科学工作者认识中国的立场。他们认为，“日支事变”这一日本对中国的军事干涉，乃是将中国社会从停滞性的传统束缚中解放并承担着使其新生之使命的历史实践。他们期待，新生的中国与先进的日本一道将成为构筑亚洲新协同体的盟友。这“协同体”，便是与帝国日本重组世界秩序的要求相关联而构筑的“东亚协同体”。直到1940年代，日本社会科学工作者积累的关于中国社会的认识工作，其结果告诉了我们什么呢？这里所遗留的应该说是昭和时期日本知识分子构筑的墓碑群吧！其墓碑上镌刻着的，是将自己与他者中国差异化——这一近代日本所命中注定的、将其认识上的实践推向极端的人留下的言辞。

七　结语

1945年日本的战败和1949年人民中国的成立，意味着以帝国日本为中心的“东亚协同体”重构和以此为基础的世界秩序重组构想的彻底瓦解。这同时也意味着或者应该意味着，将自己与他者“中国”差异化，经历了一味与发达欧洲同化的日本之近代化路线受到了阻挫。1956年日本获准加入联合国，重新回到国际社会。然而，日本的这种回归受到了"冷战"结构的制约，它与最需要修复关系的东亚近邻诸国——中国、韩国等的关系却未能得到修复。1971年受到尼克松访华的冲击，日本与中国匆忙地恢复了邦交关系。但是，这种关系修复并非站在对直至1945年为止的日本与中国关系的本质做出清算基础上的修复，至今依然反复出现的围绕两国间"历史问题"的冲突摩擦，便清楚地证明了这一点。与东亚近邻，特别是与中国、韩国根本的关系修复不曾解决的日本，却重新以经济大国身份在世界发达国家间占据了重要的位置。可是，日本在亚洲，特别是东亚没有自己明确的定位。或者可以说，日本作为国家没有自觉的定位意识。对于日本来说，东亚问题还没能解决。那么，填补这个国家意识的空白和问题未曾解决的空白，或者实际上填补着这些空白的是什么呢？这就是让强大的美国来代理安全保障而强大起来的经济强国日本吧？抑或从欠缺的空白处彷徨而出的，是孤立于亚洲的帝国日本的亡灵？与中国、韩国间反复出现"历史问题"，难道不正是失去镇魂机会而彷徨不已的帝国日本亡灵的鬼使神差所致吗？

第七章
“东亚”概念与儒学

正因为如此，隋唐的统一不仅在中国历史上，而且在东亚历史上也是划时代的。隋唐统一具有划时代的意义。由此中国文化圈开始形成，一元化东亚世界得以出现。

——引自“东亚文化圈的形成与发展”研讨会主旨说明

一　前言

我接到台湾大学和台湾其历史博物馆共同主办的“东亚文化圈的形成与发展”学术研讨会邀请信，是在去年（2001）的10月。这个研讨会由儒家思想、政治法律、艺术文化三个方面的议题构成，会议要求我发表关于儒家思想的论文。之后，主办者寄来了研讨会提要。根据提要说明，设定“东亚文化圈的形成与发展”主题的背景如下。这个提要对于了解目前人们是以怎样的思考和话语来将“东亚文化圈”主题化而言十分重要。故文章虽较长，我还是在此不厌其烦地全文照录如下：[①]

① 这里引用的是“东亚文化圈的形成与发展”学术讨论会（2002年6月26日至28日于台湾大学）“缘起与背景”的主要部分，是以台湾大学历史系主任高昭士教授名义发送给我的。（翻译本书时未见中文原本——译注）

所谓“东亚文化圈”，一般指近代以前的东亚文化世界。近代以前的世界由数个历史世界构成。例如地中海世界、阿拉伯世界、印度世界和东亚世界等。东亚世界在地理上以中国为中心，包括今天的韩国、日本、越南等地区。这个东亚世界以中国文化为其主要成分，而与其他历史世界区别开来。因此，东亚世界也可以称为“中国文化圈”或者“东亚文化圈”。正如钱穆所言，中国文化是农业文化、和平文化，且在文明古国中是唯一至今尚存的最优秀文化。由此想来，中国文化的持久性构成了东亚文化圈的重要特征。中国文化唯其属于农业文化，故于作为农耕地区的日、韩、越得到了充分的发展，唯其属于和平文化，故其传播方式并非西洋式的武力，唯因具有其持久性，故千百年来得以成为促进东亚世界的主要成分。

东亚文化圈包括汉字、儒教、律令、中国科学技术（特别是医学、算学、阴阳学、天文、历算等）和中国佛教五个要素。东亚文化圈的形成并非一朝一夕之事，而是经历了多次转变。至7—8世纪，上述的汉字等五个共同要素才全部出现。这就是隋唐时代。此前可以称其为东亚文化的酝酿期。中国文化的这些要素陆续传到东亚地区，历经时间和环境的考验才得以见到具备了上述汉字等五大特征的东亚文化圈的出现。19世纪中叶以来，强大的西洋文化大举东渐，致使东亚文化圈陆续解体。东亚文化的形成除了与中国文化的密切关系外，还包含以下几个契机。(1) 需

> 要中国有维持天下秩序的决心。这当然受制于中国的国力。(2)随着东亚各民族形成国家形态，其社会上的需要均欲以接受中国文化而得到满足。……4世纪初，朝鲜半岛处于高丽、百济、新罗鼎立的局面。日本则于这一时期加强了倭国大和政权的力量而统一了诸小国。中国却反而进入南北朝长期分裂的时期，形成了南北两个天下秩序。上述五要素中的汉字文化等部分，就是在这个时期传播到南北两个天下的。东亚文化圈的诸种共同要素，也在这个时期出现了。不过，律令制度及中国佛教等的传播则不得不等到7—8世纪的隋唐以后。正因为如此，隋唐的统一不仅在中国历史上，而且东亚历史上也是划时代的。隋唐统一具有划时代的意义。由此中国文化圈开始形成，一元化东亚世界得以出现。

学术研讨会提要这样说明了“东亚文化圈”形成的历史背景。研讨会的课题分为“东亚儒学史的比较研究”“东亚政治法律”“东亚文化交流”三个部分。提要中，“东亚文化圈”形成之历史过程的叙述，代替了对“东亚文化圈的形成与发展”研讨会缘起和主题设定的相关说明。而且，这个“东亚文化圈”不过是包括韩、日、越三国的一元化“中国文化圈”的代名词而已。从上述的提要来看，很清楚这只能是传统的“中华帝国”话语的重构。于是情况便成了这样：“中华帝国”的话语，现在要由中国台湾于“东亚文化圈”这一新主题之下加以再生和重组了。

看了研讨会的提要，我便感到必须打消这样的做法，即以关于日本儒学思想的报告来补充这个“中华帝国”的话语叙事。于是，我决定通过对帝国日本“东亚”概念形成过程的批判性回顾，阐明我们要追求的对立于帝国一元化话语叙事的多元化叙事和新的区域概念的可能性。本章《“东亚”概念与儒学》便是据此写成的、对于“东亚文化圈”研讨会的批判性报告。

在此，我想进一步强调的是，“东亚”或者“East Asia”已成为韩国话语、中国台湾话语叙事上具有现实性的主题。而于20世纪背负着“东亚”的沉重历史体验的日本人，有责任站在反省历史经验的角度来面对新的“东亚”发表意见。

二 “东亚”概念与日本

“东亚”这个概念，还有“东亚”与“儒学”的结合，对我来说都绝不是不证自明的。如今为什么要谈“东亚”，为什么要将“东亚”和“儒学”结合在一起？这些都是必须重新追问的问题。我被邀请来谈作为“东亚儒学史”之一侧面的日本德川时代儒学形成的特征。然而，“东亚儒学史”这一框架本身，也并非从日本立场出发立刻就可以谈而具有自明性的。现在为何要讲“东亚”、讲“儒学”，是必须追究的问题。

“东亚”绝非不证自明的区域性概念。从“东亚”的成立本身来讲，它也是具有明确历史性的区域概念。它于1920年代的帝国日本作为文化上的区域概念而被建立。从1930年代至40年代，伴随着帝国日本对以中国为中心的亚洲地区展开的政治、经济、军事，还有知识上的经营策划，“东亚”成了一个具有强烈政治意味和地缘政治学色彩的概念。众所周知，这个概念构成了“东亚协同体”，乃至最后扩大到“大东亚共荣圈”的理念。在20世纪的现代史上，这是明显具有“负面”印记的区域概念，我们，至少我们日本人怎样才能在此提起它呢？为了能够重谈这个“东亚”概念，我们必须弄清楚与帝国日本一起诞生的这个概念的谱系，必须看清此概念的消亡过程。不如此，我们就无法保证重新开始流行的这个概念，不会成为由帝国日本主导的亚洲广大区域之幻想的死灰复燃，不会再出现帝国亡灵式的话语。

“东亚”自1945年以后在日本很少被人积极主动地谈起，就是说作为禁忌，这是一个日本人谨慎而抑制不谈的概念。与第二次世界大战的终结同时发生的“冷战”和朝鲜战争，更促使日本人对谈论这个概念保持自我克制。日本以对美关系为轴心，实行战后处理，重新调整了自己在战后世界中的位置。不是以对亚洲关系，而是以对美国关系为轴心，就世界中日本的位置进行再调整，这也是美国的对日政策[①]。因此，对战后日本来说，亚洲可谓一直是一个政治上的空白。或许应该说，日本是有意识地这样做的。这不仅在国家层面，就是于知识分子的认识层面亦然。

然而现在，全球化以与跨越国界市场经济逻辑相互渗透、不可分割的形式，促使人们防卫性地抑或积极地构筑起“亚洲地区”（region）来，这进而促成了新的多种区域概念的形成。甚至日本政府也开始讲起亚洲新经济广域圈的构想来了。这同时也使日本国内对亚洲的认识得到了增强。可是，这种新的认识关怀进一步使对“东亚”的历史认识被搁置。本章便是我作为思想史研究者进行的

① 美国把太平洋战争规定为对美战争并以与美国的关系为轴心来处理日本的战后。约翰·W.道尔所著《拥抱战败》（岩波书店，2001年；中文版由生活·读书·新知三联书店出版）一书，对此过程有详细记载。

反省性工作。

在此，我把邀请我做的题目，大胆地改成从思想史上对近代日本“东亚”概念的形成进行反省，探讨如何质疑“东亚”与“儒学”的可能性问题。即在“东亚”和“儒学”的结合上，现在必须质疑的是什么？

三 “东亚”的发现

明治十一年（1878）应东京帝国大学之邀来日本，在将哲学等欧洲诸学说移植到日本方面做出贡献的费诺罗萨，是中国美术、日本美术的价值再发现者。所谓再发现，即费诺罗萨第一次发现了东洋美术作为美术批评和美学史叙事对象的可能性。这里，我们仅引用一段文字来看看他的美术史视角：各个时代的美术“在空间配置、线条及色彩的美上，都有其时代的特色。……当然，需要从渗透于某一时代美术工艺全体的国民性构思创意上来观察”。他还认为，东洋美术的价值不是由于其与西洋美术的差距或者异同来决定的，而必须根据“线条、浓淡，以及色彩的性质和据此表现伟大构思创意的方法之拙巧”这一美术共同的原则来决定[①]。通过他的努力，东洋美术第一次被置于美学史认识和美学批评的普遍原则下，得到鉴赏、记录而被重新发现了价值。佛像雕刻和陶器、纺织工艺作为与绘画同等的日本美术，其价值也是经由他而得以重新发

① 费诺罗萨《东亚美术史纲》上册，有贺长雄日译。本书（上下两册）大正十年（1921）限量发行后，昭和十三年（1938）由创元社作为“日本文化名著选”之一被修订再版。本章引文据1947年修订版。

现的。

通过费诺罗萨这位系统的欧洲学问知识所有者，日本美术的价值得以被发现。这本身不仅具有复杂的意义，还对日本近代化进程带来了复杂的影响。明治十五年（1882），费诺罗萨在“贵族美术俱乐部之美术协会”成立大会上，作了“大胆而具有挑衅性的演说”：

> 我要非难我看到的自过去传承而来的最大遗产脱颖成熟，却不对此努力加以理解把握的国民之愚昧，非难那种于日本各公立学校教授美国流的铅笔画，又聘请意大利人为教师讲授油画及近代石刻的风气之流行。[①]

据说讲演完毕，遂听到叹息之声四起。他的遗孀玛丽·费诺罗萨在《东亚美术史纲》序言中还记道：“从这些叹息之声中产生了国民对于日本美术的骄傲和感奋。”那么，我们从这个演说可以清楚地看到费诺罗萨对日本美术再发现的复杂意义了吧。欧美的美学知识促进了“国民对日本美术的骄傲”和自觉。进而，在走向近代化的日本，直接输入型的欧美美术教育，受到了来自欧美学术知性的教训，欧洲的美学知识带来了日本美学传统的再发现和美之价值的重估，“东洋”作为具有自身价值的东西要通过欧洲的知性视角才得以发现。而且，这种欧洲知性还“过剩”地虑及“东洋”传统

① 引自《东亚美术史纲》中题为“费诺罗萨先生绪论”的作者序言。据年表记载，明治十五年（1882）五月十四日，费诺罗萨于龙池会所作论日本画保护的讲演。

的重构及其持久保存。费诺罗萨的“过剩”考虑，结果在波士顿美术馆丰富的收藏品和完备的展示中得到了实现。

我在这里思考“东亚”时回忆起费诺罗萨，是因为有关亚洲的“东洋”考察，首先要注意到：从一开始自觉意识到“东洋”就背负着这样一种可谓悖论的性格。“东洋”的文化固有性价值，乃至“东洋”概念本身，都要通过欧洲人文学科的视角而被发现，并在其学说体系中得到定位，通过其学问方法来加以叙述。这也便是东洋美术史、东洋考古学、东洋文化史，以及东洋哲学史和东洋史的状况。在21世纪的中国台湾，围绕“东亚文化”要进行反省式研讨，但在自己的研讨视野里有没有意识到这一问题呢？我强调必须质疑“东亚”概念的自明性，原因也正在这里。

四　文化上“东亚”概念的成立

费诺罗萨关于中国、日本以及古代朝鲜美术史的叙述，其遗稿经遗孀玛丽·费诺罗萨和日本的弟子们之手得以编辑成书，以《东亚美术史纲》为名于大正十年（1921）翻译出版。另，该书英文名为 *The Epoch of Chinese and Japanese*。这本书从太平洋美术的影响，希腊、波斯美术的感化，以及独立发展等视角来记述中国美术史的起源与发达，进而记述受到中国和希腊美术等影响的上古朝鲜以及日本佛教美术的形成与发展。书中还就中国和日本各自独立的美术史发展进行了分期叙述，如日本的藤原时代、镰仓时代、足利时代，中国的北宋、南宋时期，等等。最后数章为“近世中国美术——清朝即满洲朝廷”（第15章）、“京都的近世平民美术——四条派”（第16章），还有“江户的近代平民美术（版画、插图、风俗画）”（第

17章）。是译者有贺长雄等人，将包括上述美术史内容的该书视为“东亚美术史”而取名《东洋美术史纲》予以出版的。可是，书中费诺罗萨的记述显然有一个意图，在他的绪论中是这样叙述的：

> 以中国美术和日本美术为属于单一的美术上之发展系统来叙述，这亦是本书的第三个特色。日中两国的美术大体上有着密切的关系，不仅与希腊美术和罗马美术的关系相仿佛，各自在美术上所起的变化相互交错，如镶嵌工艺品一般。换言之，日中美术的盛衰毕竟只是同一出戏的不同场次罢了。这正是本书所要证明的。

这里，费诺罗萨讲的是第三个特色，而第一、第二个特色则如已经记述的那样，即“从渗透于某一时代美术工艺全体的国民性构思创意上来观察”的美术史，和“依据美学上的性质”进行批评分类的美术史。而第三个特色据说就是“以中国美术和日本美术为属于单一的美术上之发展系统”来叙述的。费诺罗萨在该书绪论的开头简要地说明了写作目的，即“在于面对东方亚细亚的真的历史，提供自己所得的材料”。

这里所构成的，正是以“东方亚细亚”文化区域为概念的美术史。译者说，这是作为“东亚美术史”而提供给日本读者的。这里的“东亚”是指对于起源于中国，从中国到朝鲜，进而向日本展开来，又分别在各地区独自发达起来的美术，以从中国以外的视角进行历史叙述而构筑的文化区域概念。从中国内部观察的视角建立的叙述，是“中国美术史”向周围传播的影响史，而非“东亚美术史”。如果要从中国方面来构建“东亚美术史”，即使给予中国美术作为起源的核心地位，亦需要将这个美术史的发展作为东亚的一支，即相对化的视角。费诺罗萨的《东亚美术史纲》，乃是成立于近代日本的“东亚学术史”“东亚文化史”等著述的先声。在此我要重申，“东亚美术史”的成立，乃是以洞察美术之时代性发展，以美学批评为核心的学术视角，且是以从中国以外来观察为前提的。

五　文化上之“东亚”概念的内涵

京都帝国大学校长、考古学家滨田耕作有一本名为《东亚文明的黎明》[①] 的著作，初版于昭和五年（1930）。正如其副标题“从考古学上观之”所示，该书乃是从考古学的视角出发来概观东亚文明的成立和发展的著作。序言中，滨田这样记述他对“东亚文明史”的关注：

> 以支那为中心，它和与其东方相接的朝鲜半岛和日本群岛，因天然的地形古来形成了一个亲密的文化团体，这于今日乃自不待言的事实。而此东亚文明是如何兴起的，又经由怎样的路径其文化波及该团体的各个部分，还有其年代是怎样的，等等，都是我们特别感兴趣的问题。
>
> 我将主要从考古学方面，以支那为中心，并就朝鲜、日本，也即东亚文明的起源……略述其大概。

---

① 《东亚文明的黎明》初版如文中所记，乃昭和五年（1930）由刀江书院出版。这里的引文据创元社“日本文化名著选”昭和十四年（1939）版。

滨田耕作一边谨慎地挑选着用词，一边从考古学的视角建构起作为文化上区域概念的“东亚”。由于视“以支那为中心，在其东方与之接壤的朝鲜半岛和日本群岛”为“一个亲密的文化团体”，故文化的区域概念“东亚”得以成立。所谓“东亚”，指包括作为文明起源的中国，以及与中国构成同一个文明圈的朝鲜、日本等地域，可以称之为中华文明圈。但是，滨田称其为“东亚文明圈”，而绝不肯叫它“支那文明”或“中华文明”。可以说，因此，“东亚文明”乃是一个在以中国为中心的文明圈里，通过从中国以外的国家、地区来观照此文明的新型学术视角而构筑的文明论或文化史概念。这里所谓“新型学术视角”，即成立于欧洲而日本最先接受过来的历史学和考古学，以及文献学、文化史学、宗教史学、艺术史学等[①]。这样，在20世纪的早期已经获得这些学术视角的近代日本，率先建立了文明论或者文化史上的“东亚”概念。而大谈考古学的滨田耕作，正是为京都帝国大学奠定了考古学基石的人物。

这个文明论或者文化史上的“东亚”概念，向我们提示了一些重要的问题。首先，“东亚文明”乃是代替中华文明的名称。的确，这个中华文明的替代名称构成了脱亚的近代日本之东方学的概念。但需要注意，这是使走向中华主义的文明中心之矢量函数得以改变，并由此产生的文化上的区域概念。因而，新的文化区域概念

---

① 在上引序言之后滨田耕作接着讲道，由于关注东亚文明的成立与发展，“近来因各种自然科学、文化科学，特别是考古学的进步，还有从事这些学术研究的学者努力，问题逐渐得到了解决”。

“东亚”预设了地区内多元文化的发展。同样的情形可以见之于下列研究，如通过“东亚佛教史”之名，可以对从印度、南海诸国到印度支那，从经由西藏地区、西域、中原、蒙古、“满洲”地区到朝鲜、日本的传播过程——这样一个涵盖广阔区域和各时代的佛教发展过程——进行探讨[①]。这种情况对于重新思考“东亚”概念的我们将是一个重要启示。

六 帝国日本与“东亚”概念

正如费诺罗萨和滨田耕作的先驱性个案所示，“东亚”这一文化上的区域概念，是以诸文化在东亚各地的多样性发展为其主要内涵，建立在起源于中国文明的地域一体性上的。这个文化史、文明论上一体化的“东亚”概念，当然是作为与欧洲世界相区别的具有独自文化价值的世界而建立的。从费诺罗萨的个案可见，来自欧洲学术视角的“东亚”“日本”之发现分别促进了各自文化认同的形成。

“东亚”这一独立的世界，在话语上对抗欧洲而被建构，并与1930年代帝国日本渐趋明确化的、站在重构欧洲式世界秩序要求之上的帝国主义政治性话语“东亚”相呼应。或者可以说，文化上的区域概念“东亚”，其确立乃是以帝国日本的地缘政治学“东亚”概念为背景的。特别是昭和第二个十年（1935—1945）期间，有关“东亚”的大量学术性文化论著述，都强烈地带有呼应日本对亚洲

---

① 参照金山正好《东亚佛教史》（理想社，1942年）。

之帝国主义关怀的性格[1]。

关于昭和时期日本地缘政治上的“东亚”概念问题，我在前面做了论述。在此，只想就这个帝国主义地缘政治概念“东亚”的哲学上之表现再做些观察。这便是所谓京都帝国大学西田学派的历史哲学家们倡导的广大区域圈“东亚”的主张。毋宁说，他们要把成立于近代欧洲的普世化世界，重新还原到欧洲的特殊性世界史中去。同时，以与欧洲特殊性世界并列的“西亚”和“东亚”这三个特殊性世界，作为现实的理念上的世界史。他们认为，只有通过这样的特殊性世界史才能推导出普遍性世界史。在此，作为帝国日本广域圈的“东亚”，获得了“世界史的哲学”这一历史哲学的表述[2]。

帝国日本重构欧洲式世界秩序的要求，受到哲学家们意在克服欧洲近代志向的呼应，而作为划分世界秩序和世界史之新阶段的广域圈概念，“东亚”被构建。在此，我们有必要看清楚，这个作为帝国日本话语而重构的“东亚”，实乃20世纪一个负面体验的话语。今天我们要重新提倡的“东亚”，绝不应该变成帝国日本之幻想的重复。《世界史的哲学》一面声称“在建设新世界秩序的现代

---

① 和田清《东亚史论考》(生活社，1942年)、金山正好《东亚佛教史》、秋山谦藏《东亚交涉史论》(第一书房，1944年)等1944年前后出版的标榜“东亚”历史和文化史的著作，与下面随“大东亚战争”爆发而根据明确的日本国策意识形态著成的著作互为表里，如小牧实繁《大东亚地政学新论》(星野书店，1943年)、有高严《大东亚现代史》(东京开成馆，1943年)、矢野仁一《大东亚史的构想》(目黑书店，1944年)等。

② 这种“世界史的哲学”完整主张，见高山岩男《世界史的哲学》(岩波书店，1942年)。而1940年日本法西斯时期高山等哲学家代表性的哲学话语，可从座谈会纪要《世界史的立场与日本》(中央公论社，1943年)中了解。

世界，以东亚为中心形成新亚洲，将欧洲构筑成新欧洲，这样的倾向已成潮流”，一面又对广域圈“东亚”的构成原理解释说：

> 现代国家在其生存上有建设特殊性世界之必要，国家与特殊性世界具有不可分割的密切关系。然而，不久现代国家变成了用以往的国家概念无法定义的东西。换言之，引起了以往国家概念的重大转变，也将给所谓“主权”的概念带来根本的变更吧。以近代国家的主权概念是无法为广大区域圈和共荣圈这样的特殊性世界确立基础的。特殊性世界并非国家，也不是国家之联合，更不是近代意义上的帝国。从某一方面观之，特殊性世界依然是由多数国家构成的历史性世界。但是，这个世界要求以地理、历史、经济上的连带性和人种、民族、文化上的亲近感为基础，在此之上还要求它是一个具有紧密的政治之统一性的世界。而在现实上，它要求这种统一性以某个国家为指导者来构成。在此，可以想见它需要主权的本质上的分割和重新分配其主权的组织。同时，很明显，建立这个组织，要求有与支配欧洲的原理不同的新的道义性原理。①

这就是1942年帝国日本针对欧洲式世界秩序而提出的作为特殊性世界的“东亚”话语。在此，可能包含进入21世纪的今天人们要倡导或已经在倡导的“区域（region）”概念有关的诸多问题。但是，这个广域圈的“东亚”话语，同时也是帝国日本的话语。那

① 见上述《世界史的哲学》第五节“特殊世界史与普遍世界史”。

么，应该到哪里去追求呢?

首先，重要的是，此乃针对欧洲式世界秩序而重构的对抗性的“东亚”的话语。对抗性话语绝不是在自己内部拥有超越对方契机的东西。这在下面的说明中有清晰的显现，即广域圈“东亚”的话语，一面强调近代国家概念的局限，一面仍主张此广域圈虽由多个国家联合构成，但此国家群仍要通过指导性的国家对各自的主权加以限制而统率这个作为一体的“共荣圈”。作为一个对抗欧洲的存在，此广域圈当然必须自觉构筑成具有实质一体性的实体化“东亚”。《世界史的哲学》强调，这个带来一体性的组织原理，必须是与欧洲不同的“新的道义性原理”。就是说，具备“新的道义性原理”的整体“东亚”，必须针对欧洲而构筑。显然，“世界史的哲学”这套话语，不是别的，正是帝国日本要求重构世界秩序的历史哲学表现。最后，我还要附带地提请注意，“世界史的哲学”虽强调多元化的世界史，主张作为特殊性世界的“东亚”，但在“东亚”区域内部其多元性原理并没有得到贯彻，反而被抛弃了。这个广域圈“东亚”本身，绝不是一个多元的世界。

七 “东亚”与“儒学”的多元化视角

我们在日本近代史中寻找“东亚”概念，至此终于可以来思考“东亚”和“儒学”的结合问题了。我当然知道，在中国台湾，将“东亚”与“儒学”结合在一起的话语实践已在进行之中。不用说，这就是以黄俊杰教授为中心的有关“东亚儒学”的研究项目[①]。我亦是此研究项目的参加者之一。这样，便不得不从我与这个研究项目相关的方面，来考虑“东亚”和“儒学”的结合问题了。

我的关注点首先在于，这个名为“东亚儒学”的研究项目直接产生自中国文化—汉语圈的内部。之所以可能，大概因为该研究项目的舞台是台湾地区这个与中国中心脱离开来的位置吧。一般来说，从中国中心很难产生如“东亚儒学”这样的构想。因为称“东亚儒学”，就已经是以儒学在东亚各地得到多元发展的视角为前提了。这种面向多元性的视角与中国儒学史和其影响史等来自儒学中心的文化一元论视角相对立且背道而驰。因此，如果这个“东亚儒学”研究项目面向多元性的视角是自觉的，那么，它将通过思想、方法上的革新而推进课题运作。正因为如此，我参加了这个“东亚儒学”研究项目。

在参与这个研究项目之前，我参加过在台南召开的有关“台湾儒学”的学术研讨会[②]。就是那个研讨会使我开眼领会了“儒教文化的多元性”。通过采取“台湾儒学”的视角，使我们看到在台湾历史地积累下来的儒学—儒教话语的多层次形态，并使之成为批判

① 四年来，以台湾大学黄俊杰教授为中心，对“东亚儒学”做经典诠释史研究的重大研究项目一直在进行。他们举行了多次有台湾岛内外研究者参加的研讨会，还出版了“儒学与东亚文明研究丛书”，其第一卷为黄教授的《东亚儒学史的新视野》。

② 第一届台湾儒学研究国际学术研讨会，1997 年 4 月 11—13 日在台南市成功大学召开。我曾将那次发言题为“儒教文化的多元性”发表于《思想》第 883 号（岩波书店，1998 年 1 月），后收入拙著《作为方法的江户》（鹈鹕社，2000 年）。

性议论的对象。那次研讨会上的“日据时代的台湾儒学”“台湾平埔族的儒教教化”“战后台湾儒学的保守化倾向”等报告题目，都显示了“台湾儒学”视角的设定怎样开拓了丰富的讨论空间。“台湾儒学”视角与下面这样的叙述相对立：面向儒学中心的收敛性儒学史叙述，在儒学中心及对周缘的影响关系构架下对中国儒学史的文化一元论叙述。儒学多元化的视角，其积极意义也正在于此。

我在那次“台湾儒学”研讨会上建议，将儒学—儒教[①]的历史、空间上的发展重新置于坐标轴上。比如，把儒学由中心向边缘影响开去的空间变动定位在横向轴线上，再取与此相交的纵向时间轴线，时间轴线显示了从儒学最初起源到最终走向衰弱的经过。横向轴线可以认为是中国这个儒学中心的影响扩大，到周缘地区的地域性时间轴，也可以视为社会性的空间轴，也就是定位于从作为儒学中心承担者的官僚教养人，到儒学教化对象的一般庶民之社会诸层面的社会轴。通过建立这样的坐标轴，我们可以发现各自象限上的多样、多层次的儒学—儒教发展形态。我强调描绘这样的图形，是为了凸显多样化的儒教发展，而不是要以此让各象限的儒教划分出自己的位置。并且，明确显示“中国儒学史”之一元论叙述以谁为主、具有怎样的话语性质。将自己同化于“文化中心”和“官僚教养人”，使自己的视角锁定于“本有的原始”——由这种研究者所构筑的正经儒学，将记述正统的儒学史。然而，面向儒学的多样化视角，在思想上、方法论上是与这样“中国儒学史”文化一元论的视角相对立的。

① 我在上面这个报告中亦有说明。这里在使用“儒学”的同时也用“儒教”，是出于日本的习惯，也是为了强调儒学社会教化的意义。

八 从实体的“东亚”走向方法论的“东亚”

通过儒学史和文化上区域概念“东亚”的结合，研究者可以对东亚各地儒学的多样发展开拓自己的儒学史叙事空间。但是，如果“东亚儒学史”只是对起源于中国的儒学—儒教文化在东亚各地的多样发展进行记述，那么，这将和1930年代至40年代成立于日本的“东亚文化史”叙述没有什么区别。成立于昭和日本的文化区域概念“东亚”，其背后有着帝国日本地缘政治学概念“东亚”的存在，这我已做出论述。“东亚文化史”不久便被“大东亚史”吞没了，帝国日本的“共荣圈”之“大东亚”也得以确立。而“世界史的哲学”作为对抗欧洲特殊世界的“东亚”，也便成了帝国日本试图构筑的“大东亚”在历史哲学上的表现。那么，面对20世纪的历史经验，我们重构新“东亚”概念的时候该怎样做呢？

我要说，在重构“东亚”概念时，这个概念应该是方法论上的一个概念。所谓方法论上的，便是对立于“东亚”之实质性或实体性的再生，将“东亚”作为思想方法论上的概念来重新组合。实体性的“东亚”将要求具有有机一体性的“东亚”之结合原理，而被构筑为帝国的话语。这样的“东亚”只能是中华帝国或者日本帝国的代替物，如此而已。方法论上的“东亚”概念，是对实体性“东亚”、帝国话语的“东亚”持批判态度的。同时，“东亚”需要被重组为方法论上的概念。它具有的多元性视角在此作为方法论，需要贯穿有关“东亚”的话语实践中去。我想，刚才提到的“台湾儒学”，其议论便是站在这种视角上进行话语实践的最好实例。

第八章
近代中国、日本与孔教

夫教为天下，不为一国而设。日本近者广厉儒学，崇祀孔子，况吾国宗邦而自弃之。

——康有为《孔教会序》

彼等日益呈其牵强妄言，我等则日益论说雄辩，自信以阐明孔子教之真我乃吾等孔子之徒之义务也。

——服部宇之吉《辩支那人有关孔子教之妄言》

不做历史之玩味而昌言儒教排斥论，可谓无价值也。

——内藤湖南《新支那论》

一　康有为与孔教国教化

光绪二十四年（1898）六月戊戌变法之际，据说康有为曾上奏皇帝要求孔教国教化[①]。然而，在光绪皇帝之下，康有为等推动的

① 关于光绪二十四年六月，戊戌变法之际康有为提出的《请尊孔圣为国教立教部教会以孔子纪年而废淫祀折》，《戊戌奏稿》（麦仲华编，宣统二年，1911）刊行时，就有伪作的说法出现（黄彰健《戊戌变法史研究》，1970 年）。（转下页）

变法维新之举，因西太后的政变而在短期内遭到封杀。因躲避对政治改革派的追杀而亡命海外的康有为，于辛亥革命和清朝崩溃之际，为在帝国主义列强虎视眈眈的严峻形势下维护中华民国的发展，认为将孔教国教化势在必行，遂通过弟子陈焕章组织的孔教会而发起国教化请愿运动。中国近代史上，孔教问题得以轰轰烈烈地展开即在这个时期。康有为从海外归来再次踏上北京的土地，是在参与所谓丁巳复辟事件（1917年）的时候。在此稍前，中国随着袁世凯之死（1916年）而迎来虚君共和与振兴孔教的机会，这使康有为情绪大为高扬。但是，清朝皇帝复辟这一反历史的企图，瞬间遭到瓦解。康有为的身影也因此从政治场域消失了。在新旧世纪转换的20世纪初及中国社会重大转折时期提出振兴孔教理想的康有为，其政治上的失败同时也意味着儒教振兴在中国遭到挫折[①]。

另一方面，虽然变法维新失败而康有为流亡海外，但他主张的尊孔政策经由晚清政府之手作为修补体制的改革之策而得到推进。其改革包括教育体制上确立孔子和儒教的核心地位，国家祭祀

（接上页）另一方面，汤志钧编《康有为政论集》（上下册，中华书局，1981年）却完全没有注意到这一说法。这里，我并不想介入奏折真伪问题的讨论。在确认以下问题之后我要推进自己的论述，即戊戌变法运动时期康有为已有清楚的孔教国教化思考，而孔教国教化的整体构思就表现在此奏折中。有关该奏折的真伪问题，请参考下注提到的竹内弘行《中国的儒教现代化论》。

① 关于康有为与孔教，我从以下著述得到诸多示教：岛田虔次《辛亥革命时期的孔子问题》（小野川秀美、岛田虔次编《辛亥革命研究》，东京，筑摩书房，1978年）、竹内弘行《中国的儒教现代化论》（东京，研文出版社，1995年）及《后期康有为论》（京都大学人文社会科学研究所共同研究报告《五四运动研究》第四函第14分册，东京，同朋舍，1987年）。另，在西洋冲击背景下，将康有为学和孔教作为于春秋公羊学派展开的帝国儒学体系之思想转换来论述的，有野村浩一《近代中国的政治与思想》（东京，筑摩书房，1964年）。

体系上将祭孔升格为大祭祀，等等。岛田虔次指出："从某种意义上可以说，康有为的理想通过视其为叛逆之臣而绝对不允许踏入中国内地一步的清朝而得以一步步实行。"[①] 随着变法维新失败而遭到挫折的孔教国教化之历史舞台，在辛亥革命标榜虚君共和的中华民国成立（1912 年）后，得以出现。康有为主张将孔教置于中华民国的国定宗教位置上，并积极推动孔教的国教化，于是，成立了作为这一运动之核心推动力的孔教会。与此同时，夺取了革命政权的袁世凯于民国二年（1913）发布大总统《尊孔祭孔令》。袁还完成了带有"国民教育，以孔子之道为修身大本"条款（第十九条）的天坛《宪法草案》。但是，康有为并非赞同走向帝制复辟的袁世凯。随着袁的死去而迎来实现康之理想的机会，但其高扬的情绪也在瞬间结束，带着历史反动的恶名从转折时期的大舞台上彻底消失了。复辟事件后，他依然不断倡导孔教，但其孔教国教化的理想勉强由国民党蒋介石继承，在以"总统"身份"君临"的台湾找到了实现的场域。

我现在是将 19 世纪末以来中国的大转变，视为康有为和孔教国教化理念所经历的政治命运之转变来观察的。在以人民中国的成立为中国现代史之重要终结点的历史叙事中，康有为及其孔教国教化运动几乎没有留下任何痕迹。而我特意重提其人其运动，是因为当我们以儒教为基轴重估中国和亚洲的现代化时，这乃是无法忽视的历史体验。如果说历史性的转折包含着复兴和否定传统之两种极

---

① 见前引岛田虔次的《辛亥革命时期的孔子问题》。清朝末期的这一尊孔政策，有必要与袁世凯帝制下采取的孔教政策，进而与蒋介石国民党孔教政策相结合来观察。与变法运动相分离的孔教只是帝制国家的教化意识形态而已。

端化的、与过去相生相克的思想转折经验，那么孔教国教化正是中国的现代化必然经历的体验。而且，这个问题之所以不能忽视，还在于它不仅仅是发生在中国一国的历史转折，在其他东亚国家特别是在日本的近代史发展中，也曾发生这样的转折。中国的孔教国教化，还是一场与帝国日本之间多有呼应的运动。我在这里要报告的，是这个孔教问题在日本所泛起的涟漪，以及通过这些话语上的涟漪所反映的日本人之中国认识问题。

二　何为孔教国教化

如后所述，作为东京帝国大学支那哲学讲座教授而于近代日本支那学的形成方面贡献卓著的服部宇之吉，曾视民国的孔教言说和国教化主张为“支那人的妄言”而大加批判和反驳。[①]他在这种批判基础上所倡导的“孔子教”，则是以日本近代支那学学者为己任、由自己来阐发其真义的孔子教，也即强调帝国日本有其继承之正统性的孔子教。关于服部对中华民国及孔教的批判和对帝国日本孔子教的重构，我将在后面讨论。这里，首先对他所激烈反驳的民国初期的孔教言说，特别是康有为的孔教及其国教化主张，做些思考。

康有为于1898年戊戌变法之际提出的孔教国教化所上的奏折，作为《戊戌奏稿》而刊行于辛亥革命进行中的1911年，考虑到这一点可以认为，这里收录的奏稿是一个承载了内容上跨越变法维新到辛亥革命乃至民国成立之历史的孔教国教化请愿书，康有为自身无

① 服部宇之吉《驳有关孔教之支那人的妄言》（收《孔子及孔子教》，明治出版社，1917年）。

疑也是这样认识的。因此，我们可以由此窥见他所主张的孔教国教化问题的范围和特性[①]。

> 窃惟孔子之圣，光并日月；孔子之经，流亘江河，岂待臣愚有所赞发！惟中国尚为多神之俗，未知专奉教主，以发德心。

这是奏稿开头的一段，明白表达了请愿者康有为有关孔教的想法。即，一方面看到通过神教教主崇拜而在精神和道德上得以统合的发达民族国家，另一方面是远未达到国民统合状态的中国社会因多神教的淫祀而追求现世目的之混乱现状，故试图通过先进的榜样而谋求儒教之国教化的重构。首先，必须明确孔子乃是唯一值得尊崇的教主。康有为强调，“孔子实为中国之教主”，而并非仅仅是学问优秀的圣人。

> 孔圣应天受命，以主人伦，集三代之文，选定六经之义。……继周改制，号为素王。苍帝降精，实为教主。

孔子首倡儒教，而视孔子为儒教的首倡教主，乃是要使其具备宗教首创者的性格，以确立起孔教。可是，以孔子为教主也意味着

---

① 竹内弘行《中国的儒教现代化论》第 4 章分别考察了孔教的以下构成要素：教祖、祭祀、教义、教会组织以及孔子纪年。这里，我将参考上述考察，依据奏折的展开试做思考。奏折的日文翻译，参考了《清末民初政治评论集》（西顺藏、岛田虔次编“中国古典文学大系”58）小野和子的译文。

与其他教主如老子、墨子等相并列。那么，为什么唯有孔子可以做“中国之教主”呢？其理由则可以求诸“宏大周遍”的教义。“孔子之道博大普遍，兼人神，包治教，以至极”，康有为强调，可以在孔庙以孔子配天。

康有为强调以孔子配天，这个“天”正是汇聚从天子到庶民所有人的祭祀行为和心理情感而与教主孔子一体化的终极唯一者。人为天之子，与天子一样，人民也需要祭天，而允许人民这样做的乃是孔孟的大义。康有为所强调的以孔子为中国的教主来尊崇，并于孔庙祀天以孔子配的孔教，那么，他谋求于国家的是怎样一种制度呢？

> 夫举中国人皆孔教也，将欲令治教分途，莫若专职以保守之，令官立教部，而地方立教会焉。首宜定制，令举国罢弃淫祀，自京师城野省府县乡，皆独立孔子庙，以孔子配天，听人民男女皆祠谒之，释菜奉花，必默诵圣经。所在乡市，皆立孔子教会，公举士人通六经、四书者为讲生，以七日休息，宣讲圣经，男女皆听。

这是自康有为奏折所见的国教化之孔教的形态。此孔教构想，乃是中国改革者面对作为帝国主义列强而现身中国的欧美先进国家做出的一个回应。列强之中，也有迅速实现了近代国家建设并跻身其中的日本。日本逐渐开始明确意识到自朝鲜半岛至东北亚之自身的权益。这个渐渐显身于中国面前的新帝国主义国家日本，既是中国改革主义者的模仿榜样又是其批驳的反面教材。我们很容易看到，在康有为的孔教展望中有着祭祀性天皇制国家日本的身影。在近代日本，以天皇为最高祭祀者的国家神道在宪法上处于承认信仰自由的其他诸宗教的上位，而在祭祀上使统合国民成为可能的敬神之道德因之得以形成。我们不必看康有为的编译书《日本变政考》[①] 也容易想象，孔教国教化的构想中有对以天皇为中心作为国民统合之基础而完成近代国家建构之日本的密切关注。在祭祀和道德上以孔教来统合国民的国家，正是变法维新之改良主义者康有为对中国现代化问题提出的答案。

正因为坚信这个孔教国教化是对中国现代化的有力回答，康有为才自 1898 年至 1916 年间不断强调其实现的必要并提出具体办法。不过，1916 年之际要在宪法上明记尊孔的康有为，却只起到了使人意识到他的思想需要批判的作用。

三　服部宇之吉与孔子教论

通过康有为的孔教国教化问题所看到的 20 世纪初中国的变迁，乃是在帝国主义列强造成国家危机的事态之下，面对中国现代化而做出的困难的国家改革性变迁。在这个列强的行列里，有新近急速实现了现代化的日本。对于这个日本来说，中国在国家层面的改革趋势，需要加以最大的关注。这并不限于政治家或者军事家。中国的改革，也吸引了日本的学者、知识人乃至舆论界的视线。活跃

---

① 《日本变政考》是康有为编译的书籍，涉及 1868 年（明治元年）到 1891 年（明治二十四年）为止的，尤其是帝国宪法制订至召开议会的日本政治过程。戊戌变法之际，附有康有为按语的该书上奏皇帝。竹内弘行分析了《日本变政考》中康有为的按语，认为他一边引述明治天皇祭天发誓文的例子，一边阐述祭天的意义，说明康有为对日本祭祀性天皇制很关注。

于近代日本的在野史论家山路爱山，其以“袁世凯死了。我在乡下的寺庙里听到这个快讯，感到值此机会大有提倡日本人民研究支那现状的必要”为开篇的《支那论》[1]，亦显示了当时中国的形势对于这位史论家乃是不容忽视的重大问题。“袁世凯死了”，这是一个对接下来可以想象的政变抱以期待和关注的开篇。更何况对以中国及其哲学、文学、历史为专业的日本的所谓“支那学”学者来说，当时中国的变革事态应该是直接关系到他们中国观根本的问题。

服部宇之吉的《孔子及孔子教》[2] 刊行于1917年，几乎与山路爱山的《支那论》同时期。正如这个出版时期所显示的，服部的孔子教论的动机来自民国初期的孔教国教化论及其发展动向。正如该书中署名大日本汉文学会的序言所说，“本书收录的十余篇论文，或者讲述孔子人格的伟大，或者论述支那人对孔子教义的误解，皆在阐明孔子教的真义”。这部著作在观察中国孔教论的同时试图确立自己一方真正的“孔子教”，即所谓“作为对抗性话语的孔子教论”。如果说康有为的孔教国教化论是针对日本近代国家之形成

---

① 山路爱山《支那论》（民友社，1916年）。爱山因作为持有民友社系统平民主义立场的史论家和言论人而名声很高，后来发展到标榜独自的国家社会主义。他在该书中表达了对变革的中国之相互连带的期望，称“作为日本人瞭望中国时，有一种日本和中国之间没有国界的感觉”。

② 服部宇之吉的《孔子及孔子教》（明治出版社，1917年），由以民国初期孔教国教化论为前提的文章和以此前流寓清朝时期（1902—1909）为经验所写的孔子论、孔教论两部分构成。另，将服部《孔子及孔子教》与日本推进尊孔运动的母体“斯文会”关联在一起，作为近代日本孔教论之重要例证加以讨论的，有陈玮芬的论文《“天命”与“国体”——近代日本孔教论者的天命说》（张宝三、杨儒宾编《日本汉学研究初探》，“儒学与东亚文明研究丛书”5，2002年），该文基于概念史的视角对此议题做了详细探讨，令人受益匪浅。

而由中国改革派发出的回应，那么服部的孔子教论则是源自近代天皇制国家日本的对于中国孔教论的再回应。现在我于此重新讨论服部的孔子教论，也就是要从这样的视角出发[①]。日中两国的孔教论乃是回应与再回应这样一种相互关联的关系，这证明近代学术思想的言说已不可能单纯在一国内部展开。

服部宇之吉《孔子及孔子教》以"春秋公羊学与孔子"开篇展开对中国孔教论的批判，这明确显示服部的批判锋芒所指。这个批判的锋芒，正直接指向康有为的改制性的教主孔子形象。如今，这个改制性的教主孔子形象亦因适合辛亥革命后的共和政体而被重新提起。而服部则对仿佛认可革命的孔子认识发出激烈批判的言辞："以革命为理想、为主义，如此污蔑圣人实在太甚。非以革命为主义，况当时之改制，不待取往时王者之法。不该终以革命之说论之。"如前所述，改制性的教主孔子乃是使中国现代国家之国民统合成为可能的作为"中国之教主"的孔子，即以配天祭祀而使国民在祭祀层面获得统合的孔子。可是，从以最高祭祀者天皇为中心的国家神道实现国民在祭祀上之统合的近代日本出发，服部吐出批判性的激烈言辞，视"中国之教主"的孔子像为真伪颠倒的污妄之言。服部强调，依据谶纬之学"欲以孔子为教祖而昌言配天祭祀之议者"实乃"失春秋经传之意而污蔑孔子"者。何况以孔子阐明民主共和之意，最终将其中找不到有关民主共和之片言只语的《论语》变成了"无益有害之书"。而激烈批判昌言民主共和的孔教者，

① 我曾对儒教起源于孔子说教的儒教观和从原始儒教起源来追溯其本质的儒教观加以比较，来讨论服部的"孔子教论"。见《"儒教的本质"与"儒教的形成"》(《作为方法的江户》，鹈鹕社，2000年)。

把“先儒不承认为孔子之意者视为孔子之真髓，将汉儒附会孔子之言视为孔子真言，实乃真伪颠倒狂暴至极”（该书“驳支那人有关孔教之妄言”一节）。

强调“孔子教原本以君主政体为根基”的服部宇之吉，硬说辛亥革命后共和政体之下的孔教论为“牵强妄言”，这实在是狂暴之论。那么，他自己要阐明真正意义上的孔子教是什么呢？此时，对于孔子及传承了其教义的中国和欲阐明其真义者所属的日本，服部又是怎样认识的呢？

四 孔子与统一帝国的理念

服部宇之吉称秦始皇为“统一天下建成一统帝国之孔子的大忠臣”（该书“支那的尊孔”一节），即在反讽的意义上称其为“孔子的大忠臣”的。甚至说，“孔子以天下一统为理想，一统之世当完全实行孔子之教”。他认为，孔子及其教义与中国的统一帝国密不可分，并视随着汉代帝国的确立为孔子的理想得以实现，并称，“迩来尊崇孔子成为国定之主义、国民一般之风潮”。谈论与“一统帝国”的理念相结合的孔子，这与康有为的理解并没有两样。甚至不惜参与清帝复辟事件的康有为，其孔教基本上是与“中华帝国”结合在一起的。然而，将康有为和服部宇之吉区分开的是什么呢？

无论在哪种意义上，康有为都不认为清末中国社会有什么统一民心、安定国家的孔子和儒教存在。相反，从中国统一和安定的欠缺出发，康有为提出了包括孔教国教化在内的变法维新主张。服部宇之吉则是在变法维新失败后康有为流亡国外之际来到北京，在遭遇到义和团事件的同时，看到了西太后等亡羊补牢的尊孔政策的实施[①]。他详细介绍了基于尊孔政策的教育体制和祭祀体制的改革，强调中国“国家及国民尊崇孔子”得到强化的事实。也就是说，服部在行将崩溃的清朝帝国这些修补性尊孔改革政策的实施中，却看到了贯穿中国历史之尊孔理想的持续以及通过这种理念国家得到统一的事实。这不过是使帝国日本的御用学者服部宇之吉于清朝帝国的一体化所看到的虚幻儒教而已。

康有为慨叹的中国民众社会多神教式的淫祠祭祀之宗教习俗，却引导服部宇之吉产生了奇妙的观察结果。他看到一方面是众多庙观有热心拜神的广大中国人，另一方面孔庙里参拜的人却极少而不见香火的事实，由此“得知对神佛和孔子截然两样态度里有支那人尊孔之实”。这表明，服部是在无视中国社会各种事态的情况下，于心中构筑起有关中国和孔子的神圣幻想的。

> 太古至今，阅六千载更代十余，于种族已非一支之支那，统四亿民众而保国家一统者，实因以孔子为中心之教义有伟大之势力，孔子之人格有伟大之力量也。（该书“孔子之圣德”一节）

这是帝国日本的支那学学者，面对辛亥革命而国家和儒教遭遇生死存亡的危机时代，却依然抱有的关于帝国中国的孔子教神圣幻象。就仿佛维持这个帝国中国的神圣幻象，乃帝国日本之支那学学

---

① 服部宇之吉于1900年（明治三十三年）受命留学清朝。其后，于1902年出任东京帝国大学教授，同时于北京设立大学堂之际，被任命为师范馆正教习而赴北京（至1909年）。

者的神圣使命一般。

五　日本国家的天命

陈玮芬讨论过与“国体”观结合在一起的日本孔教论者的“天命”说。[①]的确，服部宇之吉也讲到过日本国家受命于天的所谓“日本国之天命”：“孔夫子说五十而知天命，而我常言今日需要知道日本国民日本国之天命。”（该书“理想主义与孔子教”一节）服部所谓对于“日本国之天命”的自觉，可以说是20世纪帝国日本对于文明论使命的自觉。他从支那学学者的立场出发，反复强调近代日本在文明论层面的位置。文明论上日本的位置，早在冈仓天心的《东洋的理想》[②]中就有表现。冈仓天心把日本定位于印度和中国文明的最终摄取者的位置上，认为日本最好地继承融合了这两大文明。在此基础上，他进而对近代世界中的日本给出文明论上的定位，即东西方两大文明之最优秀的摄取者。这是在近代日本所实行的文明论层面的自我定位。服部宇之吉也是从支那学学者的角度，对这种文明论上的日本地位进行重构的。

服部宇之吉说，日本“采支那之文化，复以日本之精神使之同化，移植支那文化于国土而开出绚烂之花。……结出比支那本土更为绚烂之花”。这“结出比支那本土更为绚烂之花”一句，意旨何

① 陈玮芬《“天命”与“国体”——近代日本孔教论者的天命说》，可参见137页注释②。

② 冈仓天心 *The Ideals of the East with Special Reference to the Art of Japan*，1903年出版于伦敦。

在，又是从哪里来的呢？难道是源自日本学者的自负？即此时已成列强之一而妄图“君临”中国的帝国日本的国民道德，正是因符合日本国体的儒教伦理而得以构成的。或者是源自获得了西洋学术的视角与方法的日本支那学学者的自负？所谓近代日本帝国大学的支那哲学教授，也便是承担着这两方面使命的人。这个视道德上之理想主义者孔子为人类教师的孔子教，乃是由背负综合东西方文明之使命的帝国日本支那学学者构筑起来的孔子教。

六　中国的伦理性根底

创设了京都帝国大学支那学而成为其指导者的内藤湖南，在以仿佛殖民地宗主国知识人的口吻强调“要代替支那人为支那着想”的《支那论》[①]一书中，论及民国初期的孔教国教化问题。他首先概观了直到袁世凯提出尊孔政策为止的一连串孔教国教化问题的发展过程，“一时曾出现讨论孔教是否适合共和国的议论，甚至发生了废除孔教的极端意见。而作为对上述情况的反动，近年来则又出现了以孔教为国教的议论，甚至有将此写入宪法的主张，而最近又有将祭天祭孔作为政治会议咨询案的事态发生”。[②]在内藤湖南看来，这个国教化论的出现其由来在于，了解西洋情况的人认为中国

---

① 正如内藤湖南《支那论》（文会堂书店，1914年）第一章题目“君主制还是共和制”所示，是在辛亥革命后从孙文手里夺得政权的袁世凯镇压“二次革命”而逐步强化大总统权限的1914年出版的中国时局论。另，有关内藤湖南的《支那论》，我曾在《近代知识与中国认识》（《近代知识考古学》，东京，岩波书店，1996年）一文中有所论述。

② 内藤湖南《内治问题之三》（《支那论》）。

也需要宗教，并视孔子之教为宗教而主张其国教化。然后批判说，“与对孔教的真义没有什么研究的留学生之意见相雷同，制定了在支那从来没有过而在西洋近来也很少提及的国教，改变了原本对异教信仰比较宽容自由的国风，这种试图以落后于时代的方法来凝聚国民精神的极端论述，我想实在不怎么令人佩服”。

在共和制中华民国刚刚起步的时期所发生的孔教国教化论，特别是由袁世凯所推动的尊孔政策，如内藤湖南所言，的确难免“有将政治上的专制统一影响到教育上来的倾向”。然而，将康有为的变法维新以来的孔教国教化论指斥为落后于时代的、不知孔子教之真义的谬论，却反映出内藤湖南对改革时期中国知识者们的苦斗没有想象力且疏离冷淡的态度。以这种疏离冷淡的超越性态度，在言说上随意介入有关中国的内政，由此诞生的就是他的《支那论》。[①]

内藤湖南认为，儒教或者孔子教是使中国国民性乃至民族性得以一体化的伦理基础。由此，他强调“更没有以此为国教与否的议论之必要”。中国自古以来的佛教，以及“从支那人低级信仰发展而来的”道教，乃至近代进入中土的天主教或者与中国原本没有关系的伊斯兰教，均“以与儒教不相背反的态度，渐次得到了普及”。在内藤湖南那里，儒教好像被视为代表中国的民族性或民族精神气质的东西。他说，“因孔子教的精神，支那的伦理道德得到承

---

① 内藤湖南这种观察中国的超越性视线与他所创立的支那学有怎样的关联，我在《近代知识与中国认识》(《近代知识考古学》) 一文中有详细的论述。而试图在21世纪使这个内藤湖南复活的充满时代错误的共同研究，是由谷川道雄等推进的 (《内藤湖南的世界——亚洲再生的思想》，河合文化教育研究所，2001年)。这项工作充分暴露了继承支那学传统的日本东洋史学的体质特征。

认……其精神绝不会从支那民众的心中消失的"。这样的话，重新将其国教化等也就成了以专制为目的者的政治性操作了。但是，这个绝不会从中国民众心中消失的可谓代表民族精神气质的"儒教"究竟为何呢？在思考这个问题之前，我想提一下内藤湖南对日本儒教的认识。

> 孔子之教的精神，与日本的国体很好地融合在一起，已然成为等同于日本固有思想的思想，而在《教育敕语》中亦有对其精神的显现，故没有特别的必要将其作为宗教来对待。

内藤湖南强调，日本的孔子教已经融入其国体，成为日本精神的体现。这段话，与他对"何况中国"其孔教已是中国伦理的根底，故没有必要再将其国教化或宗教化的言论相关联。内藤这种有关日中两国孔教的言论，其内涵与以上所论服部宇之吉的孔子观十分相似。即，观察到与日本国体相融合的孔子教在近代日本发挥了统合国民的作用，同时指出作为中国社会传统伦理根基的孔教应该存续下去。就是说，他们以形成于近代日本祭祀和道德上的国民统合为榜样，而看到了中国谋求国教化的孔教的另一个面向。两者构成了近代孔教的表里两面。

七　孔教去了何方？

在出版《支那论》十年之后的1924年，内藤湖南又刊行了

《新支那论》[1]。正如其"自序"所言，中国发生的"五四"排日运动使在有马疗养的他再次思考东亚的未来，就是说，《新支那论》是在日本经过第一次世界大战而作为帝国主义国家显身于邻邦中国面前，故引起抵抗性的排日运动这个时期写就的。然而，内藤湖南完全没有预测到"五四"学生运动对中国现代史之难以估量的深刻影响，也不想去知道。"不良学生团体的运动"这一内藤所使用的带有讽刺揶揄意味的词句，不仅说明了他对事态的轻视，还显示出其支那学学者面对中国的超越性立场。如果没有看到始于"五四"运动的1920年代中国全新的变革与统一的汹涌波涛，那么也就只能注意到这个时期军阀割据下国家不成体统的中国社会之暗部了。而内藤湖南，则在这个暗部中看到了中国历史上持续至今的一种社会状态：

> 乡团组织的自卫军乃是支配人民最终命运的东西，故而有着意想不到的强大力量。如今支那的实情，正反映在这种长期持续至今的状态下。……支那民政真正发挥机能作用的，如今依然在这乡团自治方面，而依靠政客获得比这个更有力的统治机能几乎是不可能的。如果不担心政客们喧嚣鼎沸的议论，托管也好，其他统治方法也罢，总之只要这个乡团自治不败，那么支那整体的安全就不会遭到

---

① 《新支那论》，1924年由博文堂刊行。后来与旧版《支那论》合二为一并增加一篇新论《近代支那的文化生活》，1938年（昭和十三年）由创元社再版，本书引用依据此版本。

破坏。[①]

面对现代国家的建构屡遭失败的中国现状，内藤湖南所发现的是与国家状态没有关系而持续存在至今的乡团组织。这是代替变革的中国而从暗部显现的持久不变的中国。这个持续不变的中国，与国家和政治没有关系。面对这样一种中国的现状，内藤湖南说：

> 当今，支那人所谓真的民众运动或者国民的公愤，不可能真正从根本上产生。我们不妨这样下判断，眼下如果依然有以某种形式活动着的运动，那也都是虚假的煽动所导致的。

十年前，内藤湖南嘲笑孔教国教化论，称儒教与民心一体化而持续至今，甚至称此乃中国民众的伦理根底。可是如今，对强调与变革无缘而持续不断的乡团自治组织的他来说，那个儒教哪里去了呢？是因为他所讲的“虚假的煽动”这一新人们的运动，而使他的儒教也崩溃了？

内藤湖南认为，“不待近时支那新人们的攻击，所谓儒教者早已不如从前而失去了价值”[②]。他承认这样的事态，对于民众来说儒教的意义已经丧失。于是，他强调“孔子朱子之教如今或者可以给支那人提供面包也说不定，但提供灵魂安慰的说教已经让位给莲池

① 内藤湖南《新支那论》“支那的政治及社会组织”。

② 内藤湖南《新支那论》“支那的文化问题”。

大师”，给中国民众以救赎意义的说教乃是佛教和道教了。那么，这样一种有关中国社会可谓不言自明的事态，内藤湖南为什么要重新提起呢？是因为此乃妨碍我们直面现实的事态吗？这不正是促使康有为谋求孔教国教化的事态吗？嘲笑孔教国教化的他，如今为何谈论起此中国民众社会的宗教事情呢？在康有为只见淫祠信仰的民众社会，内藤湖南则见到了已改变姿态的儒教伦理吗？

八　孔教与持续发展的中国社会

内藤湖南讲到支配中国社会的阴骘主义的教义。他认为，“此阴骘主义的道德于支那人有非常的势力，这就是现世的报应主义，故如今支那虽陷于混乱至极的状态，但在民间尚有一脉道德思想在流传，而其社会不至于完全陷入混乱的基础就在于此”。内藤湖南认为，尽管采取了与佛教、道教相混同的低下之阴骘主义的道德姿态，儒教伦理依然在民众社会得到了维持，并保证社会不至于崩溃。

就是说，在不成国家体制的中国，儒教依然在持续着。内藤湖南强调，不管中国作为国家是怎样的，但它通过乡团自治组织依然能够得到维系。如此，近代日本的支那学学者内藤湖南就可以根据自傲的历史洞察力，于混乱而苦斗中的现代中国那里找到一个拥有乡团自治组织而心中具备阴骘主义道德的持续存在的中国社会。正是站在这个对于持续存在的中国社会的洞察之上，针对面向中国社会暗部主张颠覆与专制和家族制度相关联之儒教的青年运动，支那学学者内藤湖南提出了批判，称其为“没有历史智慧”的一班新人的狂妄举动。

> 儒教能够长期维持支那的道德，必然有其原因。从一开始儒教对支那的社会组织，无论对内还是对外，如果没有任何功能的话，那么它就没道理维持至今了。儒教至今得以维持的原因是否也存在于今日的中国？是否可以从支那社会排除？如果不对此做出历史的思考，我们只能说如今的儒教排斥论是非常无价值的东西。[①]

称中国内部的青年改革者们的“儒教排斥论”为无价值的东西，这是从帝国日本这一中国外部的历史认识者立场发出的言说。它所夸饰的是，对中国拥有超越性视角的帝国日本之历史认识者有着中国观察的卓越性和现状分析的准确性。例如，“第一期革命以来至今，观察支那改革论并研究其漫长历史的外国人，反而常常拥有正确的意见”。关于持有正确历史认识的外国人对当代中国开出的药方才更为有力这样一种帝国日本的认识者之傲慢，我在这里先不去追究。问题在于以这种傲慢的外部认识构成的有关中国社会持续的形象。即认为，不管中国在国家层面有怎样的内部斗争和混乱分裂，中国社会作为乡团自治组织已然持续存在着，并且儒教变为阴骘主义的道德已然存在于中国社会的底层。

作为实现了帝国主义国家建构的近代日本之历史认识者，视历史上之大国中国的现代国家建构努力为不能不以失败而告终的徒

① 内藤湖南《新支那论》“支那的文化问题”。他说：“现在的支那，其政治方面和文化方面，都是靠没有本国学问素养的留学生出身者发其谬论，其议论大部分都没有历史的根据。”

劳，并分析出存在着与这个苦斗中的国家无关而得以持续稳固发展的中国社会。这种历史认识，把现代国家建构的可能性从中国彻底抹消了。[1]

九　支那的腐败已经足矣

橘朴，这位一直关注着从清朝崩溃到民国成立，进而经过国民革命的发展和挫折以及走向抗日战争的20世纪中国现代史，直到临终依然与中国有着关联的言论人，曾对内藤湖南的《新支那论》提出批评。内藤曾论及依靠有乡团组织背景的“湘军”而平定太平天国之乱的曾国藩功绩，对如何打开中国危机状况提出了带有反讽意味的方案：

> 完全是凭借乡亲和父兄弟子的关系而建立起军队乃至政府，并由此平定了大乱，甚至政治也需要这个乡团组织。如果今日支那的腐败进一步彻底的话，也会出现曾国藩那样的天才。这样，或者不必模仿外国的政治，支那人自己也能建立起最适合自己国家需要的新政治也说不定。

---

① 内藤湖南在发表于1919年7月号《太阳》杂志上的《山东问题与排日论的根底》一文中说：“纵使支那这个国家消亡了，也没有什么可悲叹的。从支那民族整体的大局出发来看，我想即使说支那灭亡了，也丝毫没有侮辱的意味。……从足以尊敬的文化功业上之郁郁乎文哉来说，国家的消亡根本不算一回事。”内藤湖南的文化主义的中国观，乃是博物馆化的僵死中国文化认识。另，此段引文转引自野村浩一《近代日本的中国认识》（东京，研文出版社，1981年）。

这意思是说，通过在与混乱的国家不同层面保持其秩序的乡团组织来建立和现代国家有别的中国式乡团组织国家，不也可以吗？而依靠彻底腐败后出现的曾国藩那样的天才，建设这种乡团组织国家的可能性还是有的。这乃是充分暴露出内藤湖南这位帝国日本支那学认识者性质的言辞。所谓“支那学”，就是排除了与落后中国及其在那里生活的人们之休戚与共关系的、先进日本以历史主义乃至文化主义为志向的学问。在21世纪的日本依然有人试图对这个内藤湖南予以再评价，但这无疑是要继续坚持此种支那学的视角①。不过另一方面，对于内藤湖南面对当时中国现状的反讽性提案，橘朴却提出了反驳：“如果说支那达到了目前这种程度的腐败，那不是意味着早就够充分了吗？”②这种表述，看上去仿佛与内藤湖南所说的只有腐败程度上的不同似的，但实际上反映了他们在中国观上具有根本性的差异。橘朴接着指出：

① 这里所说的重估者，指继承了京都大学支那学的谷川道雄。他们所发起的内藤湖南再评价活动，如143页注释①提到的，体现在以令人恐怖的“亚洲再生的思想”为副题而出版的《内藤湖南的世界》（河合文化教育研究所，2001年）之中。

② 橘朴对内藤湖南的批判，见《支那会怎样变化？——读内藤虎次郎先生的新支那论》（橘朴《支那思想研究》，东京，日本评论社，1936年）。另，橘朴此文发表于1925年（大正十四年）2月刊行的《支那研究》（第1卷第2号）杂志。本书所引橘朴言论，来自这本《支那思想研究》。有关橘朴的一生，我参考了山本秀夫的力作《橘朴》（东京，中央公论社，1977年），受益匪浅。包括前面提到的野村浩一《近代日本的中国认识》（东京，研文出版社，1981年），在内藤湖南和橘朴方面，得到了重要启示。

> 但是，民国以来的动乱并非单纯的规模上的扩大，所谓军阀经营统治上的浪费遍及全社会而压迫民众经济生活的程度远远为长毛贼所不及。进而再追溯到五代南北朝乃至春秋战国等所谓黑暗时代的话，恐怕比民国以来的状况更甚吧。

内藤湖南“支那的腐败”这一言论所欠缺的，是这种腐败到底是由谁、缘何造成的，腐败导致了哪些人的痛苦。橘朴所言“支那的腐败早就够充分了”，则是站在完全成了统治阶级官僚和军阀腐败的牺牲者的民众立场。他强调，如果从眼前中国民众所受的苦难来看，那么官僚统治阶级现在的腐败或者可以说是中国历史上未曾有的。并非说腐败的程度还不足以引起社会性的反抗。他认为，“支那的中产阶级虽然受到所谓军阀的严重压迫，但之所以依然未能使他们掀起强有力的反抗运动，那是因为他们自身的实力和自觉还不够成熟”。橘朴这里所讲的“中产阶级”，是指构成官僚和军阀等统治阶级的中国社会乡绅阶层以外的、与之对抗的农民、商人等广大中国民众。在内藤湖南所发现的与腐败国家无缘的乡团自治体式中国社会，橘朴看到了腐败的统治阶级与成为其腐败牺牲品而蕴含着走向反抗趋势的中国民众间社会和阶级上的对立。内藤湖南视其为中国社会之持续固定的实体之乡团组织，在橘朴那里则被看作对抗统治阶级压力的中产阶级之自卫组织。它是导致中国阶级斗争的变动的社会基础。

> 政客与乡团组织之间的对抗，用我的话来说，乃是作

> 为统治阶级之一部分的官僚阶级与作为被统治阶级之一部分的中产阶级之间进行的有意识或无意识的阶级斗争。这个阶级斗争成为我整个中国观的根基，这一点与日本支那学最高权威的内藤先生的意见相吻合，则是我最大的欣慰。[①]

因与“支那学最高权威”的内藤湖南之意见相吻合而喜悦的橘朴的这一段话，乃是痛烈的反讽。“这个阶级斗争成为我整个中国观的根基”，这显示橘朴是以“支那学最高权威”绝不会有的视线来观察中国社会的。

十　中国民众与道教

内藤湖南认为，“新人们的改革论毫无价值”而现代中国的儒教排斥论是无效的。这种非难，在反映了他对主张改革的青年学生缺乏任何同情的保守式权威主义同时，也显示了其静态历史认识的问题，即对儒教批判不久将导致社会根本改革主张的出现这一事态缺乏动态的观察。他强调，不知历史的新人们大喊排斥儒教，作为体制教学的儒教等虽然成了想当官者的考试蓝本，却早已成为对民众毫无意义的东西。支配民众道德意识并赋予此社会某种道德秩序的乃是阴骘主义的道德，儒教依然采取了这样的阴骘主义形态而维

---

① 野村浩一指出：持清末民初长期动乱为中产阶级与官僚阶级对立斗争之整个过程这一看法的橘朴，在“通过中产阶级的自治组织——乡村自治体、公堂会所、会馆、商会等行业组织来直接推进政治，换言之，政治上非压迫阶级的中产阶级为了自卫而打倒极其腐败和混乱的官僚阶级，并取而代之以促成现代意义上的国家建构，由此谋求 20 世纪中国的未来”（《近代日本的中国认识》）。

持着今日的中国社会。

> 如果儒教一开始就对支那社会组织没有任何内在或外在的功效，那么它将没有理由维持至今。不管儒教维持至今的原因是否在今天还存在，倘若不对其原因是否能够从支那社会排除这一问题做历史性的思考，那么儒教排斥论就一定是没有什么价值的东西。

这里所表现的内藤湖南有关中国社会之儒教持续发展的看法，与他对中国乡团组织持续存在的看法完全一致。但是，注意到乡团组织不久将成为阶级斗争之民众基础的橘朴，则与内藤湖南完全不同。他已经不再把儒教视为支配中国民众的道德意识。他强调，儒教早已游离于中国社会乃至中国民众之外。橘朴说，“儒教与中国社会的关系在遥远的过去便已经于思想上乃至实践上分离开来了，这是一个明白的事实”。遥远过去的明白事实，意味着在唯一神的天与天命说关系之下存在着的地上唯一者的确立吧[①]。总之，在橘朴看来中国民众的思想或者感情早已是道教的，而非儒教的了。

> 日本人过于相信儒教，甚至有人相信《论语》一卷在手就可以实现日中两民族思想上的融合，没有比这更傻的

---

① 橘朴指出，儒教是以唯一神的天，即上帝之天命说为基础的。对此，老子以“若不破除有神论就无法制止天命说”为由主张无神论（《支那民族的政治思想》，收入《支那思想研究》）。考虑到道教之多神教的发展，橘朴这种儒教是唯一神的观点很有启发意义，包括与政治统治相关联的儒教与道教的历史发展在内。康有为的孔教，也是以儒教乃一神教为基础的。

> 错误了。简言之，儒教乃是站在统治者立场形成的教义，道教则与此相反，代表着被统治者的思想与感情。因此，如果问两大教义哪一方更多地表现了支那民族整体的思想和感情，那么不用说乃是道教。[1]

儒教与中国民众社会在遥远的过去就已经脱离开来。不仅儒教，国家乃至政治也早就脱离了民众。橘朴强调，“在支那，政治与民众的生活相脱离，两者之间并不存在什么有机的关系”。而支配着与这个政治脱离开来的中国民众之思想感情的，则是道教。尽管橘朴所说“支那百分之九十九或者更多的人，实际上都是道教的信徒”有些夸张，但这与服部宇之吉等所谓“统一四亿民众而维持了国家一统的，乃是以孔子为中心的教义”这样一种儒教幻象相对立的，它显示了服部这种儒教观只是幻象而已。橘朴的话要讲述的正是康有为所面临的中国民俗社会多神教的现实，亦即康有为所忧虑的人心与国家相离反和分裂的现实，并试图通过孔教国家化来加强国民的统合。道教乃是适合与国家离反、与政治相背离的民众的思想和信仰。“他们无意识地诅咒着政治，在实际生活上远离为政者，同时向道教寻求精神生活上的救赎。”

不过，将自身定位于中国民众立场并非难官僚统治阶级政治腐败及对民众掠夺的橘朴，在他判定中国民众或中国民族全体的思想在于道教的结论中，也不能不包含着与理相悖的地方。谈论国家政治与民众生活相背反而民众的道教信仰为事实的话，中国民众对这种背反的克服也就不能不包括对道教信仰的克服。橘朴说，“如今

---

① 橘朴《支那民族的政治思想》。

陷于统治阶级不被打倒，其政治与民众的脱节背反，则恐怕一直维持难以消灭的状态。而且，如果这种脱节背反不被消灭，那么非政治的道教思想就绝不会在民间衰亡”。然而，在橘朴将此文发表于《满蒙》杂志的 1924 年（大正十三年），国民革命的浪潮已经出现在中国各地。橘朴则与将这种态势从自己的视线中消除的内藤湖南相反，他将它作为自身中国社会分析的实证性事实来面对，并开始试图修正自己的看法。对于内藤称之为“虚假的煽动”而加以轻视的“五四”青年学生运动，橘朴则认为，的确他们眼前的国家还并非爱恋（爱国心）的对象。但是，“值得爱恋的国家也只能由他们根据自己的理想和努力在将来建设之”[①]。

---

① 橘朴《支那人的利己心与国家关系》，收入《支那思想研究》。另，我在此并没有追溯橘朴全部思想过程并评价其思想意义的意图。本章最后提到橘朴，是因为与围绕孔教（儒教）的中国认识这一议题有关联。被视为近代日本最后的“亚洲主义者”的橘朴，其中国观和中国体验具有使我们反思“中国对近代日本意味着什么”这样一种特性。同时，其中国观也促使我们重新追究帝国大学支那学式中国认识的问题。

第九章
“日本一国文明史”的梦想——关于《国民的历史》

日本并非亚洲，这一命题不是从历史归纳得来的，而是竹山道雄从教义出发建立起来的他的历史。

——竹内好《两种亚洲史观》

一　妄自尊大的孤立者

身处美中俄三国之间，无防备的日本的惊恐失措之日不会远的。

（《国民的历史》30，为“冷战”的变迁所播弄的自民党政治）

在20世纪即将结束之际，背负着“我们祖先”之“一万年沉默的历史”，雄赳赳地构想并叙述“国民的历史”的这位作者，却把即将来临的21世纪之日本形象描述为一个惊呆了的孤立者。《国民的历史》*的编者西尾乾二如是说：“21世纪乃是发生任何史无

* 《国民的历史》是对日本侵略战争持历史修正主义的代表性著作，由《产经新闻》信息中心出版于1999年。编者西尾乾二是“新编历史教科书协会”会长，其思想受到日本进步思想界的批判。

前例的事件都不奇怪的时代，而这个时代正徐徐拉开序幕。”当我们目击动摇人类生存根基的2001年“9·11”事件，由此刻观之，则“发生任何史无前例的事件都不奇怪”这句话，仿佛还真有点预见性呢。然而，讲这种话的编者预见的是怎样的事态呢？

“不断加深的美国对于日本的冷淡，大有重新崛起之感的俄罗斯之大国化，还有中国前近代之混乱和恶意，以及对南北朝鲜之影响力的扩大——这样写来，不禁让我们预感到日清、日俄战争年间，围绕朝鲜半岛苦斗着的明治日本其艰难困苦将再次逼近日本列岛这一战后不曾想象到的事态。”

声称“史无前例”，结果人们还是只能凭借过去的体验来预见未来，该编者亦如此。他一面将面临目前围绕朝鲜半岛问题的国际关系困局而孤苦伶仃的日本形象，与明治日本的形象相重叠，一面做出上述预见。而从与经历了日清、日俄战争到明治四十三年（1910）吞并朝鲜的这个明治日本相重叠的21世纪日本形象，编者发出的是一个阴沉而不祥的预感。然而，真正阴沉凄冷的难道不是做出此种预感之《国民的历史》编者本人的形象吗？正是这位孤立者，预见了孤立于21世纪国际环境而惊呆的日本形象。也正是这位孤立者，将预见中的日本逼进孤立境界，且拒绝历史而排除他者，从而梦想出一国文明史来。他像是在模仿以美国强权政治来谈论文明的亨廷顿的样子，叙述着孤立的“日本文明”[①]。

---

① 从美国强权政治的立场出发以文明来考察国际关系的塞缪尔·亨廷顿，乃是创造了话语上“文明的冲突”之政治学学者。将日本在国际关系上的孤立当作“日本是没有亲戚的文明”和“日本文明的孤立”来叙述的，也正是他（《文明的冲突与21世纪的日本》，“集英社新书”，2000年）。

然而，不要误解。这位孤立的“日本文明”梦想者并非清贫精瘦的思考者，他是一个向周围倾吐污辱他者的言辞而妄自尊大、因不道德而肥胖得油光发亮的梦想者。或许正是这个梦想者的形象，才是21世纪不应该有的日本形象。正是这本大声非难他者而将自己正当化，以此种语言所作的《国民的历史》，让我们预见了不该有的21世纪之日本形象。

二 “战争”在继续

败于战后的战争才是日本战败之真正意义所在。

（《国民的历史》28，日本败于“战后的战争”）

《国民的历史》的编者西尾氏说，并没有因为1945年的战败，战争就结束了。他认为，战斗是结束了，但战争仍在继续。而日本真正的战败是败在了战后依然继续着的战争。那么，这场战争是什么呢？这就是别人称之为“太平洋战争”，而日本人自己叫作“大东亚战争”的那场战争。可是，说战斗终止后仍在继续的战争乃是“太平洋战争”或“大东亚战争”，而在编者那里，虽说很清楚这场战争于战后仍在继续，却没有回答这场“战争”是什么。何谓真正失败了的“战争”呢？

编者说“在战后的战争中日本败在了词语上”。这个词语便是杜鲁门于1945年9月所作胜利宣言中“自由对于压制的胜利”，即其所宣扬的“自由”。或许是“正义”，是“人道”吧。这里所说的词语，乃是使战争正当化，并给历史规定了方向的理念词语。而词语背后所显现的是以该词语表现的“民主主义”国家及社会体制，总而言之，即西欧的文明体系。这样，所谓“败在词语上了”就意味着屈服于战胜国所标举的国家社会理念，或者西欧文明的社会理念了吗？《国民的历史》的编者说，“什么自由啦，正义啦，人道啦，好听的语词都被他们战胜国拿了过去，他们仿佛与欺诈、残忍、背叛没有任何关系似的，以此为前提的所有话语都被他们占有了”。这便是充满欺诈的战后历史过程。于是，面对轻易屈服于战胜国这种词语的统治过程（战后仍然持续的战争过程）的日本人，编者吐出的与其说是自嘲，不如说是污辱的话语：战后的日本人盲从于西欧将战争正当化的意识形态，而“裁断、处理、葬送本国的历史，这是何等愚蠢的民族啊！”（《国民的历史》28，日本败于“战后的战争”）。

在向战后的日本人及其代言者“进步知识分子”吐露如此污辱性言辞的同时，《国民的历史》的编者还拒绝接受“战后”这个历史。拒绝历史，便是不承认“战后”为战争终结，而将其视为“战争”仍在继续的过程，进而就自身而言，这亦是一种不肯让战争结束的意志的显明。在《国民的历史》的编者那里，是不能让战争结束的。因为让战争结束便是屈服于战胜国自我正当化的那套文明词语，而战败国则只能去讲奴隶的语言了。在编者看来，“战争”在继续。这种“战争”以彼此的“文明”语言交锋，正是“文明的冲突”这样一种战争。这位《国民的历史》的编者要叙述一国文明史的冲动，也正起因于这个继续“战争”的意志。

三　日本一国文明史的过剩叙述

自 907 年唐帝国崩溃后，日本已不再接受中国的决定性影响，也未曾遭到其侵略。

（《国民的历史》1，作为一个文明圈的日本列岛）

志在叙述日本一国文明史的《国民的历史》，起笔于雅斯贝尔斯所谓的“轴心时代”。有关“轴心时代”的叙述，编者继承了下面这一说法：从“轴心时代”开始至八百年，乃至一千年后，于欧亚大陆的东西两端出现了文明之新的重组和新的起步。他认为东西两端的地域便是“日本和新罗，以及现在称之为欧洲的地域”，进而“这些地域借用轴心时代所产生的文字、思维、法、宗教，通过与自身的基础文化相结合，成功地重组了文明诸要素而开始了自觉的精神运动。可以说这些地域便是现在所说的日本，还有未被中国专制国家体制摧毁的朝鲜半岛，以及日耳曼民族”（《国民的历史》1，作为一个文明圈的日本列岛）。

这个叙述构成了日本一国文明史的绪章：一面接受成立于“轴心时代”的高度的中国文明影响，但又将其文明与本民族固有文化相结合重组为新的文明，并在日本列岛作为一个独自的文明，与遥远的欧洲文明呼应着而确立。这个绪章清楚地表明了《国民的历史》记录日本一国文明史的叙述意图和结构上的特色。他试图以文明史的或者“文明”的话语来叙述“国民的历史”。如后面将要论述的那样，用“文明”的话语来叙述一国历史，将以超出政治史的过剩叙事来记录一国的成立。在《国民的历史》中反复出现的“绳文、弥生一万年”或者“一万年沉默的历史”等语句，正是文明史过剩的话语叙事所带来的梦想，即梦想自己所没有的文明起源。

文明史这一过剩的叙述不仅带来了对于起源的梦想，而且还面对“日本文明”的自立，展开了过剩的差异化叙事。这种“日本文明”独自成立的叙事是在重复明治时期的文明史的“脱亚论”结构[①]而过剩地展开了对中国与日本之差异性的叙事，结果是彻底追求中国文明影响力的有限性和日中之间的异质性。如后所述，该书对日本国家不同于中国的建立过程的记述，占去了大量的篇幅。在此，仅引绪章一段话以见一斑：“日本虽以中国式国家体制为范型，但自907年唐灭亡后便不曾从大陆接受过什么决定性的影响，至今一直走过了异质、独特的国家形成道路。”

《国民的历史》对日本文明史的叙述还有一个特征，即将日本文明的独自成立作为与西欧文明具有同时性和类似性的性格来予以记述。编者依从比较文明论学者的观点写道：“日本和西欧均继承了轴心时代的理念与思想，以多样的姿态成功地对文明的遗传基因进行了重组。”最后得出了这样的结论：“以封建社会的成立为契机，于欧亚大陆的两端其近代文明几乎在同时期的15、16世纪终于呱呱落地。”

把“国民的历史”当作日本文明史来叙述，这个策略在于通过凸显文明的异质性而将中国彻底他者化，明示日本是怎样与西欧并行产生了近代文明，而且这个近代文明是在与中国如此不同的日本确立的。比起一面将他者中国定性为“落后的”，一面从历史上证明日本先进性的“脱亚论”文明史观，《国民的历史》不过是在新世纪的转折期对其做出更为过剩、重复的一个新版本。

---

① 竹越与三郎《二千五百年史》（1896年）关于日本文明史记述的重要课题，便是从历史上论证日本代替中国成为亚洲文明的嫡传弟子。参见拙著《作为方法的江户》（鹈鹕社，2000年）。

四 以“文明”叙述历史——叙事的过剩

> 我们必须认识到，在西洋基督教文明的根底里，存在以上帝的名义对他者实行不折不扣的裁决，及处以死罪的逻辑和正当化的暴力理论。
>
> （《国民的历史》20，托尔德西里亚斯条约、万国公法、国际联盟和纽伦堡审判）

关于《国民的历史》，编者多所援引比较文明论学者和比较国家制度史学者的话，来构筑新的“脱亚”论文明史，我在此并不想说什么。我要说的是以“文明”来叙述历史，将过剩地谈到什么东西。

用“文明”来叙述历史，属于汤因比的历史研究谱系。汤因比是这样定义用于历史的文明概念的：“一个文明，对我来说意味着，要理解人们的出生国如‘合众国’或‘英联邦王国’的历史时，所达到的历史研究的最小单位。”[①] 例如，以文明史来叙述“合众国”，必须超越合众国的成立而追溯到西欧。包括合众国具有西欧特性的政治、社会、宗教等文明史单位，便是所谓“一个文明”。因此这就可能意味着，以“文明”的形式叙述一国的成立，会比一国政治上的形成更过剩地粉饰一国的成立。汤因比解释说“文明比我们出生的国家还要古老”。“一国文明史”乃是用“文明史”，即更为过剩的叙述来谈一国之形成的历史话语。

① 汤因比《经受考验的文明》（深濑基宽日译，社会思想研究会，1952 年）。

在汤因比看来，“将历史置于文明的形态中，而不是从国家的形态来眺望”，这“将使我们把国家作为于心中所怀念、生成、消失的文明生命内部的——毋宁说次要、暂时的政治现象来思考”。他的意思是，这可以使“国家这个现象”相对化。可是，用“文明”叙述“国家这个现象”及其历史时，难道不是正好相反，即“文明”会超越国家的政治史，过剩地或者在更为深广的层面叙述国家之政治趋势吗？正如汤因比的文明史式历史叙述本身所显示的那样。“文明”代替“国家”成为历史叙述的主格话语时，便是在超越国家的更为深刻的文明维度叙述国家的形成和趋势。因此，“以文明的形式来叙述历史”，也就是把历史层面的国家政治统治和对立放到远为深远的文明层面，或者在文明的过剩考量中来叙述了。“二战”后不久，汤因比从他出自“文明”的历史叙事中，便有这样的说法：“如此，伊斯兰教世界被逼迫到墙脚之下后会再次和西欧对立起来的。但必须指出，与曾经由十字军带来的最危机时刻相比，今天的伊斯兰教世界更少了胜利的可能性。因为，近代西欧不仅在武器上，还在军事的最终基础，即经济生活技术上是优胜的，特别是精神文化——创造和维持所谓文明之外部现象的唯一内在力量——方面，也是优胜的。”[①]

我在此引用汤因比的话，不在于这种文明史的话语具有的不祥、不愉快的预言性，而在于其文明史话语叙事的过剩性。这种西欧文明史的话语，难道不是在将西欧创造的他者，即阿拉伯世界作为文明的劣势世界而过剩地预示着这个世界的败北吗？这种优势文明的支配话语，恐怕要产生劣势文明的报复性话语的。以“文明”

---

① 汤因比《经受考验的文明》上卷第10章“伊斯兰、西方和未来”。

来叙述历史，会把历史中的政治对立过剩地、当作命运注定的文明间对立来讲述。这个时候，“文明”话语将把对立正当化而成为粉饰这种对立的话语。进而通过“文明”，战争将被正当化。

《国民的历史》的编者看到了战争结束后仍继续着的文明话语上的战争。他说欧美文明的支配性话语一面将自己的战争正当化，一面在问罪对方的战争行为。于是，这位编者仿佛志在通过文明的话语继续实行战争似的，欲在自己一方建立起“一国文明史”，即《国民的历史》这一过剩的文明史。然而，这是怎样鲁莽而有害无利的对抗性话语的图谋啊！我们现在必须超越的，正是这种以“文明”来叙述历史、国家和战争的叙事。

五　以“人种”来叙述战争——怨恨的持续蔓延

> 在“人种”的主题昭然登上舞台的这个时代，勇敢奋斗的日本人走在时代的前列，无疑因此而成了众矢之的。我深信这导致了第二次世界大战。
>
> （《国民的历史》24、25，美国先将日本视为假想敌）

某种话语将充满血腥的统治正当化，进而，又将复仇的怨恨理想化了。这种话语首先是“文明”。当“文明”过剩地叙述政治对立，如命运注定的对立一样讲述出来时，这个文明话语的背后会出现“人种”一词的。“文明”乃至“人种”，都是为了20世纪的战争这一政治对立的最终实行而给自己准备并使用的话语。在这些话语之下，人们的激情被激发，人们的憎恨被一一表现。然而，以这样的话语来叙述20世纪的战争，而且是敌对一方的战争，追究并谴责发动战争的主要原因，这只能是于自己的怨恨之下继续和重复使用了这种话语的战争。这绝不会把彼此间的“人种”战争如实地展现人们面前[①]。以“人种”叙述历史、叙述战争，意味着这种话语聚集起来的憎恶和怨恨保留在自己手里，进而塞到下一代的记忆中去。

《国民的历史》这样写道：“正是日本人要站立起来的时候，最初出现的壁垒便是人种歧视。”就是说，给要挤入近代社会而苦斗着的日本浇冷水，试图阻碍其前进道路的是欧美的“人种歧视”。编者认为，美国第一次世界大战后来自人种偏见的排日运动，才是不久之后必然导致战争的远因。《国民的历史》近现代部分，有一半以上的篇幅用于讲述美国对日本人的人种歧视问题。

先进文明国所描绘的“文明的冲突”，这一世界图式里有着另一面“人种的冲突”。《国民的历史》的编者将日本战后的历程视为“文明”名义下战争的继续，同时也看到了“人种”名义下战争的继续。然而，以“人种”的话语看待和叙述战争，乃是在对立和憎恶的图式中看历史、叙述历史。即在怨恨之中让历史继续下去。谈论“人种的冲突”之《国民的历史》，正是在怨恨中使“国民的历史”持续下去的叙事。

《国民的历史》的编者追究欧美对日本的人种偏见和歧视，却对日本人自身的民族歧视和偏见毫不在乎。或者可以说，对自身的歧

① 在此，我想参照约翰·W. 道尔的《人种战争》（TBSブリタニカ，1987年）做些思考，看看与《国民的历史》有何不同。即，为什么前者会注意到本国的“人种问题”并唤起人们的运动意识，而后者则唤起了对“人种偏见”的持续怨恨与对立。

视将错就错、死不改悔。对于李氏王朝的朝鲜社会,《国民的历史》叙述说,“酿造了世界上罕见的偏僻而排他性怨恨与优越感相交织的复杂精神状态,而今天的反日心理正建立在这一基础上”,“总之,朝鲜是个令人悲哀的国家”(《国民的历史》32,我对现在日韩问题的思考)。我们有必要看清楚:在抗议欧美对日本人种歧视的《国民的历史》一书里,有着如此歧视朝鲜的语言。这种语言证实,以“人种”叙述战争的叙事与废除人种和民族歧视的意识毫无关联。

“总之,朝鲜是个悲哀的国家”,这种突然改变态度转向民族歧视的话语,让我们想起从人的奴隶根性去寻找其处于奴隶状态原因的奴隶制肯定论者。而卢梭在《社会契约论》中所说“暴力创造了最初的奴隶”,则是对奴隶制肯定论者的明快回答。恰似以奴隶根性来肯定奴隶制的人那样,《国民的历史》的编者乃是以可悲哀的朝鲜之实际状况,来肯定日本对其做出吞并和殖民地化的。

六　杀戮者的辩解——双重的杀人

> 我们什么坏事也没有做。
>
> (《国民的历史》32,我对现在日韩问题的思考)

对于日本吞并朝鲜及使其殖民地化,《国民的历史》的编者解释道:那是当时围绕朝鲜半岛的国际关系所展开的国家间力量对比造成的是作为承担国际力量一翼的日本以“应有的义务”而参与的,日本对朝鲜的统治乃是“世界史的必然”。

“在当时的英国、美国、俄国等列强相互牵制的东亚政治状况下,出于必须死守由南至北其通路毫无防备的半岛,日本所采取的朝鲜半岛政策得到优先考虑，而且日本凭借自己的力量和智慧，巧妙利用英国傀儡，知其弱点而采取了1910年的吞并政策，这可以作为一种必然性来理解。在与如今力量关系完全不同的那个时代，日本已开始承担国际上国家间力量平衡的责任而无法逃脱，那是一种作为义务的参与。”（《国民的历史》32，我对现在日韩问题的思考）

有关20世纪初围绕朝鲜半岛的国际关系，以及日本对朝鲜实行实力干预所做出的上述说明，乃是针对韩国对历史问题、战争被害者问题（“慰安妇”问题）等的追究，进行解释或辩解时所显示的历史认识。《国民的历史》的编者认为，日本采取的行动乃是由当时的国际关系导致的合理行为，也是一种被理解为世界史之必然的行径，因此，对于此种行为没有必要做道德上的考量。“因此我认为，首先不应该考虑日本人做了什么坏事。和朝鲜的人们对话时，应该谋求对方对当时国际形势的理解，说明关系到国际社会的条理，其历史理解是不能介入道德问题的。我们应该停止那种日本人做了坏事，但也做了一些好事的说法。我们什么坏事也没有做。”“面对世界史的必然，我们没有任何谢罪的必要。”

当这位编者辩解说杀人者是根据不得已的杀人道理才做出这种必然行径时，他是以话语来免除自己的罪责，而且用这话语又一次屠杀了对手。《国民的历史》在将日本对朝鲜的殖民统治正当化为“世界史的必然”时，这本书的话语便是对韩国、朝鲜又一次实行了殖民。这种自我正当化的话语与杀人者所使用的自我正当化语言完全一样。他用这种话语再次杀害了对手。《国民的历史》是杀戮者自我正当化的话语。

而实际上，该书所谓“世界史的必然”一词，难道不是和编者多次非难为具有双重欺骗性的西欧发达国家的话语非常类似吗？

不，与其说类似于以文明的名义对殖民地野蛮统治加以正当化的西欧殖民主义国家的话语，不如说，它的编者是在羡慕乃至学习那种对殖民地统治不予解释、只是执行的西欧发达帝国主义国家的蛮横强暴。如编者所说，日本人向欧美学习，“就是要学习英国人那种养成对自己的恶行亦如过耳风似的飘飘若仙的口气。要学习美国人自我主张时毫不犹豫，且坦荡挺胸地描画以自我为中心的世界像那种大无畏的态度”。

从想成为招摇过市的一流帝国主义国家而不得的落后帝国主义国家所发出的羡慕，以及与此暗合的充满偏见、嫉妒的词语，构成了《国民的历史》全书。“欧美的殖民地统治，完全把被统治者视为他者来处理”，这正是该书所羡慕的殖民地统治者的姿态。这里，他者是与自己的存在、自己的心情毫无关涉的他者，是不会触动自己心绪而可以随意处置的他者。对于把被统治者坦然视为“他者”的妄自尊大羡慕不已的《国民的历史》，将统治者的独善其身视为一国的独善性而置于自己历史判断和历史叙述的基础之上。也因此，《国民的历史》乃是无视他者、拒绝他者的一国独善其身者梦想的文明史，是妄自尊大的一国文明史。

七　帝国日本遗志的继承——他者化的中国

我们必须学会把古代中国作为与日本历史完全异质的他者来认识。

（《国民的历史》8，王权的根据——日本天皇与中国皇帝）

“脱亚论”的立场，并非如福泽谕吉于朝鲜甲申政变（1884年）后所采取的时局评论或对应状况的态度。[①] 此乃必然存在于日本近代的结构性的东西，只要取在亚洲将日本定位于近代欧洲那样一种文明化立场的话。即日本将自己规定为欧洲文明在亚洲的嫡传弟子，也就意味着要在亚洲与其他国家间建立文明国对非文明国（或先进与落后）这样一种文明论的关系结构。除了新文明国日本以外，其他亚洲各国特别是古老大国中国，将在这种关系中被规定为于文明的边境之外停滞不前的东洋。福泽谕吉的《文明论概略》（1875年）在叙述文明化日本的设计方案上早就具有了“脱亚论”的结构，则正显示了这一点。

福泽谕吉在《文明论概略》中，便是将日本的天皇制国家和中国的专制性国家的不同，作为一个重要的文明论问题来叙述的。“脱亚入欧”之日本近代化过程，也便是把落后的中国视为异质的他者而差异化的过程。亚洲中的日本，其近代国家的成立过程，也就是把自己与中国区别开来，以将中国他者化、差异化为结构性特征的历史过程。而帝国日本在国家及其对外政治上，难道不是以日中战争这种极端的形式来实现这种差异化的吗？《国民的历史》这本为20世纪帝国日本的遗志所拖累着的亡灵般的大作，当然要把对中国的他者化、差异化作为重大课题来叙述。可以说，日本一国文明史的叙述能否成立，就取决于在话语上能否彻底将中国、中国的国家他者化、差异化。《国民的历史》乃是一本有意识地、战略性地来实行对中国差异化和他者化的书。因此，近现代国民历史的叙述部分几乎都为对中国的差异化、他者化占去了篇幅。

---

① 关于福泽谕吉的“脱亚论”，参见本书第2章。

《国民的历史》的编者说，构成现在欧洲之宗教、文化、文明的基本要素，“属于欧洲起源的东西几乎没有”，又说“欧洲人不是忘记这些事情，便是装出忘记了的样子，根本就不在乎”。因此，“我国也一样没有必要对文明的主要因素仰仗于古代中国当成问题，当成问题反而是奇怪的”（《国民的历史》1，作为一个文明圈的日本列岛）。这些话不折不扣地表现了编者对发达帝国主义坦然之人种歧视的羡慕，也包括对欧洲人自负于自身文明独立发展及其独善的排他性主张的羡慕。的确，《国民的历史》是将随1945年战败应该崩溃的“脱亚”话语，即帝国日本否定他者的话语作为20世纪末帝国日本的遗志——帝国亡灵而道出的。

八 否定他者与一国的同一性

> 10世纪唐朝崩溃后，作为一国民族史的中国史等便完全不存在了。
>
> （《国民的历史》1，作为一个文明圈的日本列岛）

“中国的皇帝崇拜，还有作为神之补偿的绝对性政治形态，恐怕在人类史上也是罕见的而极为特殊的世界。我感到，日本未必与这个世界相一致，因此后来有了其与大陆的分离及向西洋的靠拢，以至于与西洋同时迈出走向近代化的行程。”（《国民的历史》9，发生于汉代的明治维新）

《国民的历史》一面讲述中国与日本在国家社会结构上的差异，一面试图通过这种差异来说明日本近代化成功的理由。该书还试图将日本的近代化，作为中间隔着欧亚大陆而与处在日本和西方之间的欧洲同时发生的过程来叙述。作为日本一国文明史的叙事，该书亦是所谓日欧并行近代化论的一种，这个并行论乃是由 20 世纪末大国日本提出的另一个近代化叙事。以往的近代化论曾为近代国家日本的成功提供了依据，而这里则为与欧美并列的大国日本之成功提供了理论根据。但是，两种近代化论的基础归根结底都是“进步日本与落后中国”这样一种日中差异论、中国异质论。

为了说明中国国家社会的特异性，并为其与日本的差异性提供根据，《国民的历史》完全照搬了有关两国国家社会各自独特发展的历史研究，即比较制度史的成果①。比如，中国专制国家论及社会秩序论的叙述，便完全依据了足立启二和渡边信一郎的中国制度史、法律社会史研究。足立和渡边关于决定中国专制国家特征的皇帝及其统治，还有礼法秩序，以及非共同体社会的国家统治等等议论，几乎原封不动地被吸收到《国民的历史》之日中国家差异化论的框架当中，充实了该书的中国异质论。另一方面，《国民的历史》受到足立氏等人的理论支持，又援引阐释日本古代国家内部形成的

① 水林彪界定说，制度史“是试图从西欧近代的社会与国家的二元性（Dualismus），来质疑其社会的整个结构，考察其结构性变化的历史学”。而认识对象一般因为要以比较为前提，故“制度研究只能作为比较制度研究而存在”（收入《比较制度史研究序说》，柏书房，1992 年）。根据这个界定，可以说制度史研究站在国家与社会二元性的角度，以西欧近代社会为理想原型，旨在弄清楚该国家之国家社会结构上的特征和变化。而日本的制度史研究包括以西欧近代社会为理想原型，又通过与中国的比较而试图了解日本国家社会的结构特征和变化。以这种方法为前提和框架的制度研究，必然地要将中国作为与西欧社会（或者日本社会）不同的国家社会，并彻底追究其异质性。因此，这种比较制度史为在异质化中国之上建立“日本一国文明”，主张日本近代社会与西欧同时成立的《国民的历史》提供了全部依据。

古代史和有关日本特有的祭礼性国家构成等制度史的研究成果，从而把日本描绘成在统治形态和社会秩序上完全不同于中国的国家社会。

于是，日中差异论便要在下面的情况下找到一个重要的归结点，即在各自不同的历史过程中有没有封建制度的发展阶段？或者各自历史中是否具有结构性的封建式共同体——村落社会的形成？对此，《国民的历史》依据足立等人的观点指出："日本有村落社会，中国则没有。"这个结论标志着从诸神到人间世界，日本社会都与中国大不相同。该书认为，正是这个中国缺乏而日本具有的乡村共同体社会，成了促使日本与欧洲一道及早实现近代化起飞的历史性主因。由此，也就建构起了前面提到的日欧"同时开始近代化行程"的近代化论话语。与此同时，《国民的历史》进而认为，"汉代以来两千二百多年间，那个大陆根本没有什么变化。经过苏联崩溃的激烈变动期，目前中国和朝鲜几乎没有变动，这种情况以现代政治经济的原因无法得到说明，恐怕只有从历史上才能找到答案"。在此，《国民的历史》将"历史停滞的王国"这一标签又贴到了中国之上。

日本制度史、法律社会史研究者的中国专制国家论及日本古代国家论，被《国民的历史》巧妙地利用于日本一国文明史，即将中国他者化和日中差异论的话语战略，致使其一国文明史的叙事成为可能。这并非简单地视此为该书编者对研究成果的反手利用或滥用，就可以了事的问题。关键在于，这些制度史话语本身何以被《国民的历史》整个用于日本文明社会独自性的叙述，并成为其话语的理论依据。特别是其中的中国专制国家论，基本上蹈袭了20世纪三四十年代马克思主义系统社会科学工作者们视中国为停滞社会的视角[①]。而在至今仍被这种理论牵制并再次主题化了的中国异质论中，实际上隐含着日本近代结构性地对中国差异化的视角。

针对一国文明史，《国民的历史》设定的中国异质论话语战略，最终走到了拒绝中国、否定他者的地步。他们斩钉截铁地说：“10世纪唐朝崩溃后，作为一国民族史的中国史等便完全不存在了。”可是，把某个民族从其历史上抹杀，这种话语怎么能说出口呢？谁能做到呢？不用说，这是与蹂躏、侵害别国及其他民族的行为同水平的行径。而《国民的历史》的编者，其否定他者的话语正与日中战争时期“支那通”“支那学学者”们的“支那论”言论相类似。无疑，半个世纪后《国民的历史》在话语上又一次侵害了中国。

然而，走到否定他者地步的《国民的历史》，其对中国实行他者化、异质化本身意味着将中国从日本政治、社会和文化的历史过程中抹消，这样才能建立起一国“日本文明史”的叙述。也因此，否定“作为一国民族史的中国史”后，便说到了日本列岛一万年间同一文化的连绵不断了：“这个列岛历史背负着绳文、弥生一万年而确保与此直接关联的同一文化的连续性。”《国民的历史》的的确确是在将中国从日本历史上抹杀的同时，确立起了一国“日本文明史”的叙事。

---

① 黑格尔“东方专制论”和马克思“亚细亚生产方式论”所显示的西欧东洋异质性视角，如何构成了日本近代知识人特别是战前马克思主义系统社会科学工作者认识中国的视角。关于这个问题本书第五章“关于东洋社会的认识”中有详细论述。足立启二的“中国专制国家论”尽管具有批判性，还是继承了战前日本马克思主义系统社会科学工作者观察中国的视角。

九 “诸神之国”日本

出现于日本的不是一神，而是多个神。

（《国民的历史》17，将GOD翻译为“神”的错误）

前首相森喜朗与其说失言，不如说出于信念的发言，引起世间有关“神之国”问题的骚动，这仿佛已是过去的事情了。可是他事后解释说：“神之国这一表现，并非针对特定的宗教，而是回顾历史。在日本《古事记》中有神话，于地域社会则有土地、山川河海等自然中存在超人类的东西。”[①]这个解释巧妙地告诉我们，在象征天皇制时代的当今日本，有关“神”的话语所取的姿态究竟是怎样的东西。

森氏当初的说法是，“日本这个国家，正是以天皇为中心的神之国！这一点我要请广大国民好好记住”[②]。毫无疑问，这个“神之国”的说法，就是近代日本通过国学等构筑的“神国日本”或“皇国日本”，即以继承来自皇祖天照大御神的皇统之天皇为中心的日本。而森氏则以真正的“神国日本”理念继承者的自负，说出“以天皇为中心的神之国”这番话的。但是，20世纪末“神国日本”理念继承者的这个发言，正如事后的辩明那样，已经包含“诸神之国日本”这样解释性话语的变貌。我在此并不打算去争论如何解释森氏发言的文本。因为，他所谓“神之国日本”作为经历了战后五十余年后的发言，已经包含“诸神之国日本”的解释性意味。通

① 参议院本会场森前首相的答辩（《每日新闻》2000年5月17日）。

② 在神道政治联盟国会议员恳谈会（2000年5月13日）上的发言。

过那个事后辩明，我终于明白了森氏的“神之国”，乃是“诸神之国日本”，即日本共同体精神中的“神之国”。“诸神之国日本”这一话语，就是“神国日本皇国日本”之战后的再解释、再辩明性话语。

“神国日本”是通过自天照大御神到现人神——天皇无与伦比的谱系，而被神圣化的“皇国日本”理念。这里的“神”负有强烈的与铸成日本国家理念终极存在相关的一神性格。这绝不是被多神化了的“诸神”。但解释性的话语想置日本于“诸神之国日本”和多神的世界。如森氏解释所鲜明展示的那样，“诸神之国日本”乃是战败经历五十余年之后“神国日本”解释性重构的话语。这种重构，则是经神道家和西尾氏等历史修正主义论者有意识实行的。称此为解释性的，是因为虽然在根底上有着维护“神国日本”这一皇国同一性的正统主张，也就是说虽主张由此立场出发对日本战后历史重估并重写整个历史叙述，但身处世纪转折点上的这些论者不得不改变“神国日本”的说法，而作为“诸神国日本”来表现自己。

《国民的历史》的编者在说明日本人“神祀”观念之际，认为本居宣长《古事记传》高度概括地把握了神祀观念，并援引该书关于神的定义。宣长在对《古事记》开头一段的注释中，觉得“神之名义思而不解”，故回避了对“神”之名义的探究，而据古代传承中“神神”的形态做了以下定义：“大凡神者，有如典籍等所见天地诸神，及祭祀诸神之神社所落座之神灵，更有鸟兽草木类及山海等，余者如有非凡杰出之德或可畏之物称其为神者。”（《古事记传》三）

根据本居宣长的定义，西尾氏对日本“神神”加以概括：“诸神目不可见，但在浮游。或存在于木、石、火等自然物中。有时也作为风、雷等自然现象显现于人世，有时又附着人体而道出神谕。如果不是附着于自然物或人体而显现其姿态的话，则无法显示作为诸神的力量。就是说，日本的诸神存在于极具体的事物和现象中，而非抽象的理念性存在。”进而，西尾氏附加说明“这通常相当于所谓的万物有灵论”。

《国民的历史》的编者这种说明性的概括，似乎只是对本居宣长的重复，即对宣长常常离开神之定义而随意重构日本古代诸神世界，也就是作为万物有灵论之诸神世界的重构。我说宣长的重构是随意的，在于其定义中首先列举的也应该是最为重视的诸神，即“有如典籍等所见天地诸神”，在重构的诸神世界被割舍了。这个诸神不是别的，正是以天上世界的主宰神天照大御神为首的诸神。[①]《国民的历史》的编者真的要把这个包括天照大御神的日本诸神作为所谓“万物有灵论”世界来重构吗？

这种对日本诸神世界的重构，乃是在将日本古代世界从以超越的“天”之观念为背景的中国古代世界分离开来，并区别对待的语境中进行的。编者说，“日本人的神祀观念与上述‘天’的观念不同，是以人和神的连续为前提的”。所谓“上述”指的便是中国“天”的观念，它本来与犹太教、基督教、伊斯兰教的神之观念极为相近，是“天”与“人隔离开来的世界”。《国民的历史》的意图，在于把日本的“神”视为“诸神”，而区别于中国超越性的

---

① 关于本居宣长“神的定义”解释问题，以及由此“神的定义”展开多神的“神之国”叙事结构问题，参照我的《“一神”和“多神”——现代神道与“神之国”的重构》（收入《本居宣长》，岩波书店，2001 年）。另，关于国学对神解释的一神化倾向，参见拙著《平田笃胤的世界》（鹈鹕社，2001 年）。

“天”和犹太基督教超越性的“神”。有无这种区别的叙述占去了该书的大半篇幅，构成了日本与中国文明论上差异性的重要语境。

如果说那个超越的“天”之理念支撑了中国专制国家体制，那么建立在“山川草木皆有神存在的这一国之风土”上的是什么呢？这便是《国民的历史》引以为据的制度史学家们所言“日本有而中国则无”的“村落”，即日本的共同体世界。正如西尾氏所说，日本的“诸神秩序，通俗地讲可以换言之为村落的秩序”，这是对“诸神之国日本”即“神国日本”的重构，与对日本村落共同体及其传统的再估值有关。的确，讲“神之国”的前首相森喜朗不也是在强调与神和佛相联系的地域社会生活传统吗？

如此，在重构以天照大御神为至上神的诸神秩序同时，《国民的历史》的编者、作者们到底要将那祭祀诸神而阶层化的国家神道及以此国家神道为最重要支柱的近代日本天皇制国家当作什么呢？他们难道想说，祭祀包括至上天照大御神的所有近代日本人都错了吗？

十 把GOD译成“神”的错误

天皇当初是神，现在依然是神。神的概念与西欧不同。

（《国民的历史》17，GOD译成“神”的错误）

《国民的历史》以“出现在日本的不是一神，而是多个神”开篇，来撰写《GOD译成“神”的错误》一章。就是说，“诸神”的多神性才是必须追求的日本神特性。多神性被视为对日本国家、社会以及文化状态赋予特征的规定性因素。这里存在着一个强烈的意志：以一神教为异质性的东西，与之相对抗而追求新的文明史，建立多神教的日本文明史。《国民的历史》也便是从这一意志出发写作的一国文明史。可是，如果说多神性才是日本神的本质，那么重视与主宰性一神相似的至上神天照大御神的近代神道家们，进而信奉该神的近代日本人都错了吗？

《国民的历史》援引国语学者的说法，阐述了近代日本人把基督教的GOD译成“神”，读作“kami”的误译、误读过程。并说由于误译产生的问题集中在战后天皇所谓的“人间宣言”上。作者认为，这个天皇非神格化宣言，盖出自将天皇视为与GOD一样的神这一误解。西尾强调，天皇并非超越性的神，但他始终是日本的神。正如在日本佛祖也是神一样，天皇亦是古来的神。这样，天皇被融入日本的复数“诸神”当中，其神格变得暧昧不清。使与皇祖天照大御神相连贯的天皇之至上尊贵性，其绝对化性格不复存在，而被相对化为一个共同体酋长（“村”长）的尊贵性。这便是作者从上述误译、误读说出发，得出的结论。

那么，高举神圣不可侵犯的天皇而一路走来的皇国日本近代史，便成了错误的历史发展了吧？但不然，对皇国日本吞并朝鲜及殖民侵略傲然声称“我们什么坏事也没做”的《国民的历史》，可以把皇国日本的近代史正当化，却绝不肯认其为错误。如此，将至上天照大御神乃至神圣现人神天皇与“诸神”混同，声称一神教的“神”与日本的“神”有别的《国民的历史》，其话语叙事意义何在？

针对来自国内外批判皇国日本近代史的声音，《国民的历史》则强调自己的正当性。而面对“战后日本人盲从于西欧将战争正当化的意识形态，而裁断、处理、葬送本国历史”的日本人，西尾氏则痛骂道：“这是何等愚蠢的民族啊！”然而，《国民的历史》诉说皇国日本的历史正当性，针对皇国日本象征性中枢而将其神格性和绝对性消融，这种相对化的话语展开却证明经过战后五十余年岁月，正如前首相森喜朗的声明那样，只能是一种解释性的话语。

但是，将“神国日本”解释为“诸神之国日本”，这个叙事有一个很厉害的企图。将多神教的“诸神”与一神教的“神”对置，来讲述“诸神之国日本”的话语叙事，如前所述，这是欲构筑与西洋文明和中国文明不同的日本文明史的话语。正如亨廷顿认为“日本在世界上是没有亲戚的文明”而将日本作为于国际关系上独立的“文明”来叙述一样，《国民的历史》也试图把日本历史当作与欧美、中国相异的“一国文明史”来叙述。视“神国日本”为“诸神之国日本”的这个叙事，也是在“文明的冲突”之世界图式中带着“一国文明”的自负而重新确立日本地位的政治性话语。作者们试图通过重新读解本居宣长的神的定义，从皇国日本近代史中剥去附着在现人神天皇身上的错误的一神教式神像。但是，如果近代神道与皇国日本一道推行的一神化是错误的，那么以此支撑着的皇国日本近代史也必定是错误的。可是，他们绝不肯承认皇国日本为错误。“诸神之国日本”这一话语，乃是在世纪之交由不负责的人们建立的“一国文明史”之政治性话语。

后记

本书是我在藤原书店季刊杂志《环》上发表的“关于东洋”系列文章的结集。促使这些文章连载的契机，是该书店纪念创立十周年而召开“1850—2000年：世界史中的日本”学术研讨会，我被邀请作为讨论嘉宾之一。虽说我的研究从近世转到了近现代，但作为思想史研究者与榊原英资、川胜平太、松本健一等赫赫有名的学者并排列席，多少感到有些不适。不过，考虑到藤原良雄先生的盛情邀请，我还是出席了会议。这次研讨会给了我一个重要的机会，去回顾即将过去的20世纪。就是说，在研讨会召开的2000年1月8日之前，即20世纪最后的几星期里，我得以回顾这即将过去的世纪。我要按自己的方式承受自己度过大半生的那个时代，并摸索重新认识该时代的视角。研讨会上我的报告，在本书中成为第一章《“世界史”与亚洲、日本》，而当初曾以《“世界史”与日本的三个转折期》为题，发表在《环》创刊号（2000年4月）上。

将1850年视为亚洲和日本被组合到“世界史”中去的转折期，由此我得以把握到观察亚洲及其近代的视角。为什么这里的“世界史”要打上引号呢，其意义我在本书的第一章中已有论述。正是在与这个“世界史”的关联中，我发现了日本近代史的三个转折点。所谓“转折”，意味着日本要重组自己与世界和亚洲的关联及其应有状态。以此作为历史认识上重要的参照系，我检讨了日本近代史上的亚洲观。不过，这种检讨对我来说不单单是思想史研究的一个作业。"亚洲问题"，绝非单纯的思想史认识问题。在20世纪日本帝国之国家与知识分子的关联上，正有着作为伤痕的沉重意义镌刻于此。其沉重，常常使我们倾向于闭口不谈。然而，当考虑到战后经历了半个多世纪而历史问题依然会由中国和韩国严厉地提出，我感到或许正是我们对"亚洲问题"的沉默，导致了日本国家在历史问题上不负责任的轻率逃避。那么，我们应该怎样面对"亚洲问题"并与之相关联呢？

与20世纪帝国日本对亚洲的征服欲望密不可分的知识分子亚洲观，这应该是我作为思想史研究者首先自我检讨的。比如，为什么他们的亚洲认识是这样的？规定其认识中国之视角的到底是什么？等等。如果没有对20世纪的日本做自我检讨便再次介入这个曾由日本人提出的"亚洲问题"，那么恐怕难免重蹈帝国主义对亚洲之野心的覆辙吧。在日本，已经出现了冠以"亚洲新世纪"等书名的出版物。然而，这个由日本重新提出的"亚洲新世纪"，我们不是在1940年代就体验过了吗？与国家层面不负责任的历史逃避一样，这里不是也存在着逃避吗？

我这些作为知识分子自我检讨的对于"亚洲问题"的追究，实际上从一开始就是与东亚实际的"亚洲问题"话语场紧密联系在一起的。随着全球化的进展，使东亚产生了超越经济、政治层面的作为学术性话语的"区域问题"。致使以"东亚"区域为前提的各种学术研讨会，得以在首尔或者台北召开。本书中结集的有关20世纪"亚洲认识"的自我检讨，就是通过这些研讨会而得到讨论的。因此，这也是我围绕"亚洲问题"话语实践所作的报告。

我要对支持我这些话语实践，多次向我提供在台北作报告的机会的台湾大学教授黄俊杰，还有在哈佛大学提供发言和讨论机会的杜维明教授，以及拉我到首尔发言的畏友沟口雄三先生，表示衷心的感谢。特别是沟口先生，他始终是我思考亚洲尤其是中国问题时的内心对话人和论争者。更有藤原书店店主藤原良雄先生，如果没有他恰逢其时的指点和厚意，也就没有本书的出版。对此，我由衷地表示深深的谢意。而从杂志《环》连载这些文章的时候起便是拙文的最好的理解者、藤原书店编辑部的西泰志先生能够担任本书的责编，对我来说则是最大的幸运，由衷感谢！

2003年3月16日

子安宣邦

译后记

2000年，日本思想史学者子安宣邦开始在《环》杂志上连载关于“东洋”的系列文章，后结集出版而受到日本知识界好评的，就是这部《近代日本的亚洲观》(藤原书店，2003年)。这里，集中考察的是相当于Orient的东洋、相当于Asia的亚洲和相当于East Asia的东亚这三个概念的历史发生。特别是对其中的“东亚”概念如何在20世纪初的日本，从文化概念逐渐转化为帝国地缘政治话语，而由日本首先提出并流通于该地区的历史过程，进行了“知识考古学”的清理和解构分析。促使作者从事这项艰巨考察的，不仅在于“东亚”是日本现代知识制度中一个重要的组成部分，与帝国的亚洲经营和殖民侵略暴力血脉相连，更在于它成为自1990年代初新一轮“东亚叙事”之中，于中、日、韩三国迅速成为知识界关心的话题，而到了新世纪则大有变成知识消费对象的趋势。可是，三国学者都很少谈及这个概念的话语编成和概念演变的历史，个中原因或者出于国际交流的“客气”，或者是日本人有意回避令其难堪的历史。总之，如果不对“东亚”概念的历史成因进行解构批判，就不能指望它成为21世纪具有生产性的公共知识。作为出生于战争年代的学者和有社会良知的知识分子，子安宣邦说，“在历史中已经看到‘东亚’灭亡的人，是不能允许人们以模糊其灭亡的方式来重构‘East Asia’这个地域概念的”(本书第三章《昭和日本与“东亚”概念》)。

这是本书要讨论的基本内容和主要宗旨，表明它不仅是有关“东亚”的思想观念史，同时也是密切关注当下知识生产并与之对话和辩驳的著作，基于学理考据而积极参与话语实践，此乃本书最大特色所在。因此，可以将其归入作者始于20世纪末的系列“知识考古”工作。而此次，生活·读书·新知三联书店计划出版子安宣邦的著作系列决定纳入此书，也正可谓恰如其分。这同时也给了我一个重译此书的大好机会。

子安宣邦是我喜爱的日本学者之一，他的名字为中国学界所认知，应该是始于我的介绍。我最早译介他的著述，大概在2003年留学回国之际。当初，还在日本时读到他这些系列文章，我就曾为其深度历史批判所震撼。后来，又有机会参加他主持的一个日本思想史读书会，进一步了解其整体学术风貌。于是，产生了选译本书和稍早出版的《近代知识考古学——国家、战争与知识分子》（1996年）并在中国谋求出版的想法，结果，由吉林人民出版社于2004年出版了《东亚论 / 日本现代思想批判》。

日月如梭，如今这个吉林人民出版社的版本已是十五年前的译本了。当初考虑到学术翻译著作的出版困难，而有了集两书精华于一册的不得已做法。但是，其所造成的对于原书整体风貌的破坏，加之译文质量的粗鄙，一直我是心中的一个遗憾。故而，北京三联书店这回计划出版子安宣邦的著作系列，约我翻译此书，我的确有获得重译机会而喜出望外之感。

子安宣邦的学问，善于将源自西方的后现代理论不露痕迹地融入思想史研究，而且其“知识考古学”涉及近代日本的历史学、民俗学、语言学、社会学等等方面，翻译起来的确繁难。加之，为形成话语批判力度所采用的文辞反复、语句叠加的表达方式，作为日语文体确有回肠荡气乃至攻其一点不计其余的突围效果，但是，移译到中文则往往造成同义反复而叠床架屋的负效果，令人不忍卒读。因此，翻译过程中我不断温习西方后现代理论，尽量找到书中所涉原始文献著述，加以对照比勘，以期准确传达其意思，同时，也灵活采用直译和意译两法，做到既保持原文风貌又使中译通顺畅达。当然，努力的成果如何，只有听从广大读者的评判了。

附带说明，本书的“致中国读者”是2004年出版《东亚论 / 日本现代思想批判》时尊请子安宣邦先生所撰，内容上是针对两书而言的。不过，我觉得它非常好地传达了作者基于个人战争体验和政治关怀而从事“知识考古”工作的心境与目的，对于中文读者的期待也殷切诚恳，有助于我们深入理解本书的内容。故仍予保留并置于本书之前。

最后，感谢子安宣邦先生和北京三联书店对我的信任，使我能够勉力完成这次重译的工作。同时，期待着方家对译文的批评指正！

赵京华

2018年4月15日

于北京太阳宫三杨斋

书名索引

《平田笃胤的世界》(子安宣邦著)

《钳狂人》(本居宣长著)

《清末民初政治评论集》(西顺藏、岛田虔次编)

《人种战争》(道尔著)

《日本变政考》(康有为著)

《日本二千六百年史》(大川周明著)

《日本汉字研究初探》(张宝三、杨儒宾编)

《日本及日本人》(内村鉴三著)

《日本人的代表》(内村鉴三著)

《日本外交中的亚洲主义》(日本政治学会编)

《日本政治思想史研究》(丸山真男著)

《儒教与道教》(韦伯著)

《社会契约论》(卢梭著)

《世界史的立场与日本》(高坂正显等著)

《世界史的哲学》(高山岩男著)

《世界哲学史》(秋泽修二著)

《思考古代天皇制》(米谷匡史等著)

《文化类型学研究》(高山岩男著)

《文明的冲突与21世纪的日本》(亨廷顿著)

《文明经受着考验》(汤因比著)

《文明论概略》(福泽谕吉著)

《武士道》(新渡户稻造著)

《戊戌变法史研究》(黄彰健著)

《戊戌奏稿》(康有为著)

《现代韩国的思想》(尹健次著)

《现代支那论》(尾崎秀实著)

《现代哲学与法西斯主义》(秋泽修二著)

《西田几多郎全集》

《辛亥革命研究》(小野川秀美、岛田虔次编)

《新编历史教科书》(西尾乾二等编)

《新世界秩序与亚洲》(岩波书店编)

《新支那论》(内藤湖南著)

《省諐录》(佐久间象山著)

《亚细亚生产方式论》(魏特夫著)

《亚细亚生产方式问题》(马克思、恩格斯著，本田喜代治编)

《亚洲的认同》(石井米雄编)

《亚洲困境》(青木保著)

人名索引

上田秋成

深濑基宽

榊原英资

石井米雄

矢野畅

矢野仁一

水林彪

A. 斯密斯

松本健一

松泽弘阳

孙文

A. 汤因比

汤志钧

藤原良雄

藤贞干

土佐昌树

丸山真男

M. 韦伯

K. 魏特夫

尾崎秀实

温德芬格尔

I. 沃勒斯坦

武者小路公秀

西谷启治

西顺藏

西太后

西泰志

西田几多郎

西尾乾二

小林昌人

小林英夫

小牧实繁

小泉纯一郎

小野川秀美

小野和子

新渡户稻造

新明正道

K. 雅斯贝尔斯

杨儒宾

野村浩一

尹健次

有高严

有贺长雄

袁世凯

曾国藩

斋藤次郎

斋藤忠

张宝三

朱子

竹内好